# 我的同事是 AI

日经企业家领袖　日经大数据　编　达菲　译

格致出版社　上海人民出版社

# 名家推荐

人工智能越来越融入我们的日常生活和工作。这本书深入探讨了在不同工作场景中如何利用 AI 完成大量重复性工作，为我们赢得更多时间进行创新和与家人相聚。与此同时，AI 也会在和人类紧密协作和日常交互过程中不断学习和迭代更新，从而大大提高我们的社会生产力。

——聂再清，阿里巴巴达摩院人工智能实验室语音助手首席科学家

在 AI 替代人类的巨大担忧面前，我们很多人忽略了在这个也许可能的替代发生之前还有一段很长的"与 AI 共事"的时期，而这对于当下的每个个体才是最重要的事。那些了解人工智能而且能够用好人工智能的人将像 40 年前改革开放之初会英语的人一样，成为时代弄潮儿。

——王晓冰，腾讯社会研究中心总监

这本书以轻松的笔调，描述了日本近在眼前的明天，49% 的工

作岗位将被人工智能替代。"我的同事是 AI"只对一半的工作者有意义，对另一半工作者来说，则是悲惨的"失业回家吧"。

——江晓原，上海交通大学讲席教授、
科学史与科学文化研究院首任院长

这是一本有趣的书，它用丰富的案例生动描绘了人机协同的新经济生态。人工智能不会取代人类，共生才是两者的相处之道。期待与我的 AI 助理早日相遇。

——吕琳媛，电子科技大学教授、阿里巴巴
复杂科学研究中心副主任

随着人工智能技术进入广泛的应用领域，必将对我们的工作和生活带来显著影响。本书介绍了人工智能对于一些代表性工作领域和岗位的影响，并用案例做了说明，这对于企业管理者和实际工作者都有重要的启发意义。

——蔡江南，中欧国际工商学院卫生管理与
政策中心主任、经济学兼职教授

很多人担心 AI 在不久的将来会抢走他们的工作。其实，任何科技的进步都伴随着职场的变化，只是这次 AI 的浪潮更凶猛些。什么是应对 AI 最正确的姿势？这本书给出了正确的答案——人与 AI 的协作。从主题公园到白电厂商在内的日本企业应用 AI 的例子，都让我们看到 AI 其实已经变得像 100 年前的电那样，毫不神秘，拥抱起来也没有难度。

——吴晨，《经济学人·商论》执行总编辑

未来的某一天，你发现你身边的同事不是人……别误会，他们不是鬼，而是 AI！但他们带来的竞争压力恐怕远胜于虚拟的鬼怪。如何在人工智能时代与这些新同事共处，并保证自己不被淘汰，这本书将告诉你。

——陈永伟，北京大学市场与网络经济
研究中心研究员、主任助理

# 与人工智能合作使员工更富创造力

│ **田村贤司** │ 日经企业家领袖主任编辑 │

在人工智能（Artificial Intelligence，AI）时代，社会将如何变化？企业又将如何变化？本书将介绍为何现在要开始应用人工智能，审视人工智能的现状，并介绍人工智能的进步将会对企业和职场产生怎样的影响。

首先，人工智能的进步必将给企业带来各种冲击，企业自身的形态会发生变化，企业决策者同样面临着巨变。早稻田大学商学院副教授入山章荣就人工智能时代的决策者作用指出："决策者以何种愿景引导企业与员工，将变得更加重要！"决策者提出企业愿景，吸引包括员工在内的利益相关者，这样的工作将变得极为重要。

人工智能将逐渐替代大部分机械性工作，业务娴熟的老员工、普通员工及管理层都会转而做更富有创造力的工作。那时，企业决策者的工作将不再拘泥于管理、统筹、协调，更为重要的是要让员工对企业发展的未来抱有共同的愿景，向员工展示有趣并值得为之奋斗的目标或者方向。

我在下文中会提到，下至普通员工上至企业决策者的业务技能倘若都得到提高，并和人工智能同事"和平共处"，那么以往的业务流程将会发生巨大的变化。员工的创造力越强，作为公司"主人翁"的意识也就越强。这就意味着，在员工独立性不断提高的时代，要将他们凝聚起来靠的是公司愿景及理念。

2016 年 7 月，软银集团决定斥资 3.3 兆日元收购英国半导体设计公司 ARM。软银集团总裁孙正义宣称"物联网（Internet of Things，IOT）时代的霸权掌握在平台手中"。20 年后，将有 1 兆个由 ARM

制造的半导体遍布全世界并依靠物联网收集信息。搭建平台把这一大数据提供给使用者，（企业）将开拓新的信息产业。

例如，一个人早晨起床后来到卫生间洗漱，与此同时，卫生间中的智能设备可以测量并获取与其身体状况相关的数据，并对这些数据进行分析、反馈，防病于未然。长此以往，便可削减医疗费用，在为企业作贡献的同时也为社会作贡献。

## 决策者，需要超越人工智能

虽然对有些普通人来说成为一个企业的决策者可能是遥不可及的，但他们也都知道"决策者是靠吸引员工、客户、投资者来从事企业业务拓展的"（入山副教授）。

而人工智能却无法扮演好企业决策者这一角色，人工智能所擅长的是基于数据做分析并进行合理推导。超越此范围的"愿景"或"理念"仍旧是人类擅长的领域，也理应由企业决策者负责。

当然，想要展现出上述的愿景、理念又谈何容易。但是企业决策者本该有的职责就是向员工、客户展示具有吸引力的共同前进的目标。在将愿景、理念成分渗透到目标的过程当中，能够吸引多少身边的人，这是作为"普通人"的企业决策者也必定会面临的问题。

那么，员工方面又将如何？他们的工作方法也必然会发生各种各样的变化。

例如，某领域业务娴熟的"手艺工人"，他们虽然可能不会晋升到管理层，却可以通过运用长期积累的经验与人脉或特殊技能等为企业奉献力量，是企业不可或缺的人才。这些人难道不会发生变化吗？

朝日啤酒准备利用人工智能来预测新产品的市场需求。该公司于2015 年导入 NEC 的"异种混合学习技术"，应用于对产品发售日起四周后的需求预测试验当中。目前，销售、生产等各相关部门几乎每天都要聚集在一起制订货物出厂计划，而这种情况下发挥作用的往往还是在工厂一线摸爬滚打了二三十年的老员工。"最终，老员工凭借直觉与经验，结合发售后的出厂数据和实际销售数据与零售店店面的情况、库存状况作出判断"（松浦瑞，数字战略部部长）。

应用人工智能的目的是为了应对产量或销量剧增而导致的人手不足，以及减少过度依赖个人经验与直觉的风险。但是，到目前为止，销售数据仍未能百分百发挥作用，如果充分利用这些销售数据则可以实现更高效率和精度的经营活动。

完全依赖人工智能制订生产计划尚需时日，到那时手艺工人的角色也会发生转变。"再没有必要花费二三十年的时间培养具备上述独特直觉的老员工，冗杂的经营会议也会大幅缩减"（山本薰，数字战略部副部长）。当人工智能可与手艺工人旗鼓相当时，它不仅可应用于生产环节，还可在后续的营销环节发挥更大的作用。与此同时，手艺工人自身也可以使用人工智能的预测进行更加广泛、多样的分析。也就是说，手艺工人的创造力可能会借由人工智能得到进一步提升。

当然，并非所有手艺工人都要有这样的转变。当其他公司推出新产品而导致人工智能较大的预测偏差，或是发生其他人工智能难以应对的突发事件时，经验丰富的手艺工人能更好地把握此类状况，这或许可以称得上是对人工智能的支援。资深员工的职责应该会发生上述变化。

## 普通员工，使人工智能应用更广泛、更深入

普通员工又将如何变化呢？某厂家最近把人工智能系统导入了客服中心。人工智能旁听客户与电话接线员的交谈并做分析，在画面上显示客户提问的答案或者关联商品。如若出现未准备过的问题，该系统会进行网络检索以准备应答材料。即便这样仍不能解决问题时，系统会把问题发给上级，若是典型问题，将被追加至新的 FAQ（"常见问题解答"，在线帮助系统）。

因人工智能系统的存在，企业极大程度地提高了电话接线员的效

率，为导入人工智能提供支持的毕马威咨询公司合伙人田中淳一说道："在接线员人数削减至十分之一的同时也提高了客户信任度。"

剩下的十分之一的电话接线员也可能会发生相应的变化。效率的提高可以让接线员提供更多的咨询，进而使个人的知识和应对能力得到相应的提高。全面提升的接线员将为人工智能更广泛、更深入的应用作贡献，也自然会肩负起培养下一代电话接线员的教育工作。

与人工智能的关系越密切，人们就越能从事富有创造力的工作。当然，在人工智能引入阶段，有些人会被迫失业。但如果引入人工智能的企业通过这种效率的提高而发展壮大，则会孕育出其他更多的工作岗位。思考这一点也是企业决策者的职责所在。

## 管理人员，成为不断探寻适当对策的角色

身处决策者与普通员工之间的管理人员又会发生怎样的变化呢？

人工智能将会替代管理人员各种机械性的工作，除了人数会减少，他们的工作还会变得更加富有创造力。

不妨让我们换一个角度思考。大数据的应用已经开始，数据科学家分析大数据并将其运用到企业经营活动当中。在线支付公司 Metaps 的数据科学家有井胜之说："可以从大数据中读取客户作决定的过程。"

例如，消费者在使用智能手机中的购物程序时，该程序会对其究竟在哪个网页上长时间停留并发生购买行为，以及此时的检索内容等信息进行分析。并且，当日后这类消费者浏览类似网站时，可以为其推送有潜在购买需求的商品广告。同时，也会把这些消费者行为分析数据推荐给相应企业的管理人员、企业决策者。

虽然数据科学家称得上是大数据时代的高端职业，但在人工智能时代里，用软件就可以部分实现这种专业分析。如果这种分析变得像 Excel 一样操作简便的话，管理人员的工作可能会变成探究问题的深层次原因并考虑适当的对策。人工智能可以瞬间调用各种各样的数据，或者像前文提到的朝日啤酒的例子中所设想的那样，听取新时代"高赋能手艺工人"的建议，读取包含上述情况在内的、蕴藏在市场深层的大趋势。对于管理人员来说，与人工智能合作即意味着熟练掌握如何应用人工智能。

作为职场人士应该如何应对已经开启的人工智能时代呢？人工智能并非你的竞争对手，但想要让它成为你的同事而助你一臂之力，仍需要一番努力。希望本书可以让你有所收获。

## 目　录

## 销售 · 市场营销

**企业战略**

## ((( 第三部分 人工智能的进步

**专业技术岗位-医生**

第一部分

# 为什么现在需要人工智能

## 大数据时代，人工智能在统计分析等方面越来越接近人类

　　不了解计算机科学的人一听到"人工智能"，可能会联想到是有人类智力的机器人。

　　但是，实际情况却大不相同。2011 年，以日本国立情报研究所（NII）为中心成立的"人工智能能否考进东大"项目的负责人——NII 社会共有知识研究中心长新井纪子强调："人工智能并不理解文章以及词汇的含义。"

"人工智能"是一个跨学科的研究领域，这其中包含了各种各样的学科技术。虽说模拟人类大脑的研究正在推进，但就现有的计算机处理能力而言仍然无法将这类研究应用到现实中。目前，已经被实际应用的统称为人工智能的技术千差万别。若试着了解"人工智能能否考进东大"项目，便会对此有较深的体会。

　　这是一个致力于让应用人工智能的软件——"东 Robo 君"挑战东京大学入学考试的项目（详情参考第三部分的文章《"东 Robo 君"让我们明白——人工智能所不擅长的事，只有人类才能做得到》）。虽然被统称为"东 Robo 君"这一个名字，但实际情况是根据不同科目分别准备了不同的软件。理解每一个科目的问题都使用了"自然语言处理"技术*，但是解答问题的技术却因科目不同而不尽相同。数学科目方面，采用"量词消去方法"**的数据处理程序来答题。物理科目方面，将问题归类为"平衡问题""动态问题""初始值问题"等，

* 自然语言处理技术，是指人工智能理解并解释人类写作与说话方式的能力。——编者注
** 量词消去方法，即找到等价的没有量词的表达形式。——编者注

并分别准备了各种不同的解法。历史、社会学等社科类题目中，为了回答针对知识类问题（即记忆类问题）的提问，而采用了"文本蕴含识别"技术\*。

这一项目让我们明白，现如今，在被称为人工智能的技术当中，既有其擅长的领域也有其不擅长的领域，并没有可以应对所有问题的万能方法。新井纪子指出："以人工智能为基础的数学思维是由逻辑、概率和统计三种方法构成的。我们要考虑的是使用三者中哪一种，更接近人类所考虑的价值和意义。"

## 人工智能技术难以被定义

自古人们就应用逻辑、概率、统计的方法解决问题。比如，在汽车导航中，可以找到最短路径的迪杰斯特拉算法（Dijkstra's

---

\* 文本蕴含识别，主要是对文本的前提和假设进行判断，判断其是否具有蕴含关系。——编者注

Algorithm）早在 1959 年就被提出来了；在购物网站上经常出现的"推荐商品"是在分析了每一个用户所购买的商品相关性后得出的，这种方法是由出生于 1822 年的英国统计学家弗朗西斯·高尔顿（Francis Galton）提出的。

那么，怎样的技术可以称之为人工智能呢？实际上这是随着时代变化而变化的。20 世纪 70—80 年代也曾有过人工智能热潮，那时被实际应用的技术的代表案例是"以知识为基础的专家系统"。这是一种用计算机模仿人类专家知识（理论思维）的技术，可以视为在软件中内置了一种根据不同条件而进行不同选择的"Yes/No 流程图"结构。

由谷歌旗下 DeepMind 公司开发的人工智能围棋系统——AlphaGo，在打败围棋世界冠军、职业九段棋手李世石后被广为人知。从现在的情形来看，应该没有人还会把之前的"专家系统"体系当作是人工智能技术了吧。我们很难根据某个标准来判断什么是人工智能技术，换言之，人工智能是难以被定义的。

在石山洸所写的文章（《与人工智能愉快共处能提高人类的工作效率》）中也提到，2016年9月斯坦福大学公布的报告《人工智能百年研究》（*AI 100*）中对人工智能的定义是："人工智能是基于设想人类如何使用神经系统，如何通过身体感受，如何推理，如何行动（但处理机制本身不同）的计算机科学和技术的集合。"那么，为人类活动提供支持的软件大多可以符合这一定义。

## "深度学习"成为人工智能技术开发的突破口

现如今，人工智能重新引起人们的关注部分是因为一种被称为深度学习（Deep Learning）的技术。这一技术成为迄今为止处于发展瓶颈期的人工智能技术的突破口。当然，计算机、智能终端的巨大进步也为人工智能的突破提供了坚实的基础。

深度学习是一种为了在计算机上实现与人类学习具有相同功能的"机械学习"技术，是一种模拟人类大脑结构的神经网络并进行机械学习的技术。

机械学习的基本功能是，根据被给予的大量数据学习结果总结规律或者进行分类。以前的机械学习技术需要人类指定应该关注哪一点，例如，为了识别兔子的照片，就必须事先指定耳朵的特征。但用这种技术，却无法用来识别猫与狗。因为这类机械学习没有变通性，只能应用于特定的场景，而无法推广至一般用途。

与此相反，深度学习可以通过读取大量带有兔子标签的照片自动提取特征，同时还可以找到人类没有注意到的特征。在可以获取新知识这一点上，人们期待深度学习会出现超越人类的技术奇点（technological singularity）。此外，人们也期待新的人工智能技术能以单一技术囊括一般用途。实际上 AlphaGo 中应用的基础技术也是一种奇点。

虽与学术定义大相径庭，但简单来说可以把人工智能技术理解为"是一种对于无法用已知方法简单解决的问题，即使无法提出最佳解法，也可以在较短时间内提出较优答案的技术"。

## 人工智能成为"第四次工业革命"的原动力

在不远的将来,"和人工智能做同事"的时代定会到来。按照工作内容的不同,在某些领域人工智能已经超越了人类。AlphaGo 使用了解说人员所认为的"人类棋手一定不会使用的下法",先后几次赢了职业围棋棋手。此后,同样的下法开始在职业棋手中间流行起来。"东 Robo 君"虽未能考取东大,但其考分仍超过了考生的平均分,并达到了被称为"MARCH"和"关关同立"*的关东、关西一流私立大学的平均录取分数线。

在日本经济产业省,开始引入人工智能"秘书",测试其是否能帮助职员为高级官员草拟出席内阁会议或国会问询的答辩内容。比如,被问及一个政策时,人工智能在读取过去五年国会会议记录的基础上,迅速为文员或秘书提供相应数据和过往答辩中的理由充分的论

---

\* 此说法起源于日本民间,是大学联盟的一种。"MARCH"指关东的明治大学、青山学院大学、立教大学、中央大学、法政大学。"关关同立"指关西的关西大学、关西学院大学、同志社大学、立命馆大学。——编者注

点。此举是为了以"劳动方法改革"为目标，提高公务员的劳动生产率。以上举出的例子都属于白领工作的一部分，想必从事这类工作的主体会渐渐从人类转变为人工智能。

但是，人们因此而一味抱怨被人工智能抢走了饭碗是无济于事的。在过去，人类也先后几次被机器抢走了工作。第一次工业革命中的蒸汽机；第二次工业革命中由电力驱动的电机以及由石油驱动的内燃机；第三次工业革命中由于信息通信技术的发展，计算机正在替代人类，几乎没有人会否定这一趋势。

可能在不远的将来，与云服务、物联网连接的人工智能替代各种职业的现象会被称为"第四次工业革命"。但是，社会整体的劳动生产率提高对于人类来讲绝非坏事。

正如第一部分中将介绍的瑞可利的石山洸、NII 的新井纪子以及第二部分中野村综合研究所的文章中所提到的那样，有很多工作是人工智能无法完成的。人工智能可以做的就交给人工智能，与这样的

"同事"一起工作，人类将会承担起那些只有人类才可以胜任的高附加值工作。

　　放眼未来，世界上的发达国家已经开始为人工智能研究投入大量资金。在《日本经济报》的报道（2016 年 12 月 9 日）中，根据日本文部科学省下属的科学技术与学术政策研究所的分析，在人工智能主要学术论文的发表方面，美国、中国占据多数，日本影响力的滞后是十分明显的。同时，美国和中国对人工智能的教育和投资都比日本积极，让我们不仅看到了前沿研究，并能想像人工智能作为"同事"融入的时代。正因为日本处于少子化且移民政策并不明朗的状态，才更应该大力发展人工智能在现实中的应用。

## 人工智能并非"神奇魔杖"，看错用途也会有生命危险

　　虽说很多工作领域都预测会出现人工智能的奇点，但仍旧无法断言这些领域能否完全被人工智能所替代，因为人工智能也会出错。

打败顶级职业棋手的 AlphaGo，在唯一输掉的第四战中临近结束时接连走出"坏棋"，使战况一度恶化。担任转播解说的高尾绅路九段也评论道："不知道它在做什么，这些明显是坏棋。"此外，谷歌公司的照片管理应用软件——Google Photos，可以使用人工智能在上传的照片上自动加标签，却在黑人男性的照片上标注了"大猩猩"的标签。

诸如此类事例中的人工智能"小失误"，人们看完笑笑也就过了，但是在实际应用中根据其用途也有可能造成巨大损失。

这一方面的典型案例就是发生在 2016 年 5 月的美国特斯拉"自动驾驶"致死事故。这辆汽车搭载了使用人工智能的自动驾驶系统，虽然它的用途定位是协助人类驾驶，但实际上人类驾驶员完全放手不管汽车也是可以行驶的。事故发生时，驾驶员可能并没有握住方向盘，这起事故被报道为"第一起自动驾驶死亡事故"。

如今，人工智能也开始被应用于医疗场景（具体请参照第三部分的文章《IBM 沃森完成癌症治疗分析工作》），万一出错可能也会导致生命危险。在被人工智能替代时，无论哪种职业，看清其技术成熟度以及错误发生时的风险，是必不可少的。

# 人工智能与人类是共同进步的伙伴

**石山洸** | 瑞可利技术研究所推进室室长

自 2016 年下半年起，停留在科幻小说中的人工智能热已告一段落，而朝着探讨该如何在商业中实现人工智能的应用方向转变。媒体谈论"人工智能"这一关键词时，也开始从技术视角转向商业视角，特别是最近，人工智能在"第四次工业革命"这样的语境中逐渐被提起。

在"第四次工业革命"这一关键词被广泛认知的背景之下，发生了两件事。第一件事是 2015 年达沃斯世界经济论坛发布了关于第四次工业革命的报告，指出了可能在 10 年内冲击社会主流的 21 个技术变革之后，世界经济论坛创造人兼执行主席克劳斯·施瓦布（Klaus Schwab）的《第四次工业革命：转型的力量》在日本出版。这是一本浓缩了第四次工业革命的好书，也可以看作商业人士为了理解人工智能与商业关系必读的第一本参考书。第二件事是在日本政府的主导之下，设定了第四次工业革命的经济发展目标。具体是指：日本的 GDP 在未来 20 年内将从现在的不到 500 兆日元提高到 600 兆日元，其中将通过第四次工业革命拉动 30 兆日元。由于这两件事，第四次工业革命这一关键词已经扎根于日本社会，舆论也从"科幻小说型人工智能论"转向"应用型人工智能论"。

在政府的目标规划中，以人工智能为核心创造的 30 兆日元占整个 GDP 的 5%。因此，也可以认为在未来 20 年内，有 5% 的人类员工可能被人工智能所替代。反过来说，在未来 20 年内倘若没有 5% 的劳动者被人工智能所替代的话，也就意味着日本第四次工业革命的目标没有达成。归根结底，能否与人工智能做同事是日本经济发展的关键。

在美国，"robotic process automation"（机器人流程自动化）以及"digital labor"（数字化劳动力）这样的关键词已经开始扎根。"和人工智能做同事"的时代并非遥不可及，它已经成为当下亟需讨论的课题。

在日本企业文化中，在变革方面大多倾向于由一线员工层层上传，而非由高级管理层层层下达，故即使企业决策层制定了用于人工智能的预算也不足以引起变革。因此，应该为每一个普通员工规划好使用人工智能的方式、期限，以及其从机械劳动中解脱后能够创造出多大的附加值。

## 什么是人类所追求的创造力？

并非单纯依靠人工智能就能够创造高附加值。反过来，仅仅靠人类的劳动力也无法实现第四次工业革命。这需要两者的配合，想要创造高附加值的关键是要让两种劳动力差异化。

研究人类社会行为的美国社会学家尔文·戈夫曼（Erving Goffman）认为，人类合作的基础是"具备别人所不具备的价值"。也就是说，人类具有人工智能所不具备的价值是人类与人工智能协作的基础，也是实现和人工智能做同事的第一步。

　　在经济学中有替代品与互补品的思维方式。咖啡与可可是替代品；而咖啡与砂糖是互补品。如果人类与人工智能互为替代品，就会产生竞争关系；如果能成为互补品，就会产生合作关系。为了实现后者，人类必须全力创造出人工智能所不具备的价值。

　　那么，何为人工智能所不具备的人类价值呢？这就是很多读者想到的"创造力"。很多人会认为最近人工智能在写小说、作曲、作画等创造力方面也并不逊色于人类。然而现阶段仍可断言，人类具备超越人工智能的创造力。没错，这就是人类自身创造出"人工智能"的创造力。

　　在图1中展示了"和人工智能做同事"时代的蓝图。在这个构架中，用"能动性创造力"与"开放性创造力"表示了人类的创造力的两个维度。另外，分别用三个等级评价各个创造力。所谓能动性创造力的三个阶段是按照"不使用人工智能（无兴趣）→使用人工智能（较少的兴趣）→创造人工智能（较大的兴趣）"发展，发展程度越

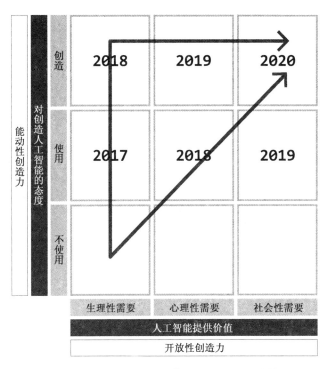

图 1 "和人工智能做同事"时代的工作方法蓝图

高创造力就越具有主观能动性。开放性创造力的三个阶段是指"运用人工智能为了满足生存需要而工作（生理性需要）→运用人工智能为了自身愉快而工作（心理性需要）→运用人工智能为了奉献社会而工作（社会性需要）"，越是靠后，价值提供对象的范围越广，创造力越开放。

这个架构的目标是：在 2020 年以前达成 5% 的同事转变成人工智能，在能动性与开放性两个方面实现创造人工智能的创造力的最高形态——"创造人工智能奉献社会"。

在发展人工智能方面，人类应该消极应对，还是应该积极应对？结论当然是应该积极应对。我来介绍两个有代表性的主题活动吧。

## 消极应对人工智能即为反乌托邦，积极应对即为乌托邦

2013 年举办了一场名为"未来的婚姻——Marry Me！ 2050"的

主题活动。这是以科技取得巨大进步的 2050 年的婚姻为题材，创作批判性设计作品的活动。在这个活动上有学生展示了"到 2050 年，通过大数据与 DNA 分析在一个人出生的瞬间便可决定其结婚对象"的世界观构想的设计作品。

第二个要讲的是，为世界知名的设计咨询公司 IDEO 创始人汤姆·凯利（Tom Kelley）《创新的艺术》一书出版而举办的主题活动。在主题演讲中，凯利讲到："虽然日本被认为是世界上最富有创造力的国家，但日本人自己并不这样认为。"为了将书中提到的思维方法落实到实践，活动邀请了数位日本演讲嘉宾登台，其中有一位嘉宾分享了自己的案例，他虽然对于自己的外形没有自信，却通过积极主动地应用社交媒体、游戏等新技术找到了结婚对象。

从这两个主题活动中可以看到哪些世界观差距呢？两者的差距在于我们对以人工智能为首的新技术是被动应用，还是主动应用。正如读者从此类事例中感受到的那样，被动世界让我们联想到反乌托邦（黑暗世界），而能动世界会让我们联想到乌托邦（理想世界）。我们人类和人工智能做同事的最初灵感不正是"能否应用人工智能积极地创造附加值"这一点吗？

人工智能擅长解决被给予的问题，但却不能主动发掘具有解决价值的问题。发现问题正是我们人类的工作。处于开放性创造第三阶段的"奉献"能力正是一种提取"对别人起何种作用"的能力。换成思考社会问题的话就比较好理解了，人类的认知力才是最强的物联网、传感器、发现市场需求的装置。

在提供服务的形态中，也有发挥人类能力的关键点。因为服务可分为如下两种：需要人与人交流提供的服务，以及需要人工智能协助提供最佳选择的服务。

人工智能与人类协作创造附加价值的价值链主要有三阶段：①价值认知，即由于人类自身存在的思维局限性而产生的人工智能的开放性创造力如何发挥；②价值计算，即发挥人工智能能动性创造力而产生的成本与产出；③如何同时发挥开放性创造力与能动性创造力所形成的合作价值问题。有了能动性创造力后还要通过与开放性创造力共同创造附加值，因此，开放性创造力是尤为重要的。

## 从奇点到多奇点

今后，通过发挥能动性与开放性创造力将创造出各种各样的人工智能同事。那么，人工智能同事的能力何时会赶超人类呢？

其答案就在我们的身边。各位读者，你们认为人类同事的能力可以按照单一标准按顺序排列吗？很可能你想到了你的两个同事，"相比 A 同事而言 B 同事可以把这个工作处理得更好，因为那个工作是 B 同事所擅长的领域"。难道不是这样的情况吗？或者，让指定的同事与另外的同事相互评价。应该不会出现相同的评价吧。

人类的能力是基于相对价值观的，不能以单一价值观衡量。当把人工智能作为同事看待时也是如此。若没有评价标准、价值观前提，也就无法回答"人工智能的能力是否会超越人类"这样的问题了。

在"人工智能超越人类"这样的语境中一定会登场的关键词是"奇点"（singularity=single+larity）。技术特异点，这个词汇在人工智能语境中是作为"人工智能超越人类智力的奇点"的意思被使用，多用于"某时间点人工智能全方位超越人类能力"的语境中。

但是，如上所述，无法用单一标准、价值观来衡量人类的能力。瑞可利人工智能研究所（Recruit Institute of Technology，RIT）顾问、美国卡耐基梅隆大学教授汤姆·米切尔提出了表示奇点为复数存在的词汇"multilarity"（multilarity=multi+larity）。因为奇点一词的前提是立足于人工智能的智力可以用单一的、绝对的尺度来衡量，因而可以用一件具体的事，或者用某一个特殊时刻来定义"人工智能超越人类智力"这件事。但与人类能力一样，人工智能也是无法用单一、绝对尺度来衡量的相对事物。在这种前提下，人工智能超越人类的事物就变成了复数存在。米切尔教授提出"multilarity"，隐含了对于用"非黑即白的思路"来处理人类与人工智能关系的担忧。

正如人类有多样性一样，人工智能同事也存在着多样性。并且，人类正是凭借能动性创造力与开放性创造力创造出了这一多样性。创造力的多样性孕育出人工智能同事的多样性，成为创造多姿多彩社会的源泉。

2006 年，完成东京工业大学研究生院综合理工学研究科智能系统科学专业硕士课程。进入瑞可利（Recruit）公司后曾在网络市场室等部门工作，承担贯穿全公司组织的 Web 服务强化工作。2014 年任瑞可利传媒技术研究所所长，2015 年起担任现职务。

# 与人工智能愉快共处能提高人类的工作效率

**石山洸** | 瑞可利技术研究所推进室室长

本文将基于人工智能实际运用于商业的例子，分析在哪个领域中导入人工智能可以使导入效果最大化。除了对"和人工智能做同事"时代的展望，深入了解现有应用案例也是非常重要的。首先，我要在这里说明一下原因。

## 在现实案例中确认人工智能的导入效果是极为重要的

想必有很多人看过关于"以人工智能为核心的技术抢走了人类

的饭碗"这种类似的新闻。但实际上，极少有人理解人工智能是怎样"抢饭碗"的。为了验证这一点，在2016年10月举办的"HR Summit"论坛上，笔者在其中一个环节——"由于最新的脑科学、人工智能、信息技术的进步，人力资源将如何变化？"演讲时做了一个测试。对参加该活动的约200名人力资源工作从业者进行了举手式提问。

第一个问题是："有没有看到过人工智能抢走人类饭碗的相关新闻？"100%的人都举手了。接下来的问题是："有没有人看过有关牛津大学人工智能专家迈克尔·A.奥斯本调查报告*的新闻？"不愧是人力资源工作从业者，几乎有一半的人举手。紧接着，当问起"有没有人读过该调查报告"时，举手人数骤减到一成以下。最后，当问到"是否理解该报告中提到的'高斯过程分类'（Gaussian Process Classifier）"时，终于没有人举手了。

---

\* 2013年，牛津大学两位人工智能领域的研究人员迈克尔·A.奥斯本和卡尔·本尼迪克特·弗雷在其合著论文《未来的雇佣状况——计算机时代的到来是否会导致失业》中对702个工种做了一份详细的预测。——编者注

这个测试并非是严谨的，仅是为了大体把握人们是否在用思维定势看待"人工智能抢走饭碗"问题。就技术与雇佣问题，之前提到的汤姆·米切尔教授指出：

"应该导入旨在理解、观察、探究科学技术对劳动者影响的新机制。原本，政府应该为应对人工智能所带来的就业变迁、财富分配、教育必要性等问题推行重要的政策，但令人惊讶的是解决问题所需的基础、具体的信息几乎从未被收集。例如，在美国连可以回答以下基础问题的信息也没有。

目前，哪种技术最能替代人类？又是哪种技术创造出了最多的新职业？在哪个领域引进技术会增加或者减少就业？

政府为了制定适当的政策，必须回答这些问题。为此，我强烈建议政府不要拘泥于以上几个问题，除此之外还应该彻底调查相关问题，并将此信息公布于众。好在现在网上可供使用的数据在不断增加，政府通过创造新的数据收集方法，或者与已经获得必要信息的企业合作就能够得到这些问题的明确答案。"

瑞可利技术研究所 CEO 哈勒维（Alon Halevy）指出以下几点：

"新技术所替代的并非是职业而是工作。虽然看起来新的职业在不断出现，但实际上有很多职业种类的内容与过去相比并没有发生很大的变化，还有很多行业的工作虽然名称没有变化但内容却发生了很大的变化。

在分别看待每个职业种类时，如果仅仅从宏观角度笼统看待就业增减，是无法解决这样的问题的。从更微观的层面上看新技术替代每一个工作，及其对宏观观察时产生怎样的变化，并对两者的因果关系分别进行认真细致的调查是非常重要的。"

米切尔与哈勒维看法的共同点是并非始终按照思维定势讨论，而是强调从具体事例出发确认具体效果方法的重要性。下面将分析已经成功导入的人工智能现实应用案例。

## 解决数据科学家人才不足的问题

大数据应用于商业的速度在加快，预计在不远的将来就会出现数据科学家人手不足的情况。2011 年 5 月，美国麦肯锡咨询公司发表

《大数据是革新、竞争和生产力的下一个前沿》（*Big Data：The Next Frontier for Innovation，Competition，and Productivity*）的报告，计算了截至 2018 年，美国将有 14 万—19 万人具备高水平分析能力，可以用大规模数据组作决策的经理或者分析师将会出现 150 万的缺口。数据科学家可以算是一种期待通过人工智能导入来提高生产力的职业。

美国 DataRobot 公司是研究开发这一领域的企业之一，该公司的部分数据业务通过人工智能软件"DataRobot"提供。一旦使用这一软件，以前数据科学家所承担的工作就会变得像使用 Excel 一样简单。把 Excel 的数据拖放到 DataRobot，并选择想要预测的项目之后，只要按下预测按钮就可以生成预测结果。即便是没有数据分析知识的人，也可以熟练掌握数据科学家的工作。

这一事例印证了哈勒维所说的工作与职业种类的关系。在某一职业种类所必须的 10 个工作之中，如果有 8 个可以被人工智能所替代的话，人们为了从事这一业种就需要具备与剩余两个工作相关的技能。这样想来，人工智能替代工作并非单纯抢走了饭碗，反而可以理解为增加了就业和培训的针对性。

瑞可利集团已于 2015 年 11 月向 DataRobot 公司购买预测服务，2016 年 9 月底前试着把上述软件导入瑞可利集团各公司，结果建立了 4 855 个预测模型。其中，约有 80% 是由非数据科学家的普通员工在日常工作的间隙建立的。

据分析，当把开发预测模型的工作委托给外部企业时，每一个模型的报价在 300 万日元左右，4 855 个模型的估价约为 145 亿日元。仅凭导入 DataRobot 就可以创造如此价值，可以说在这一试验中人工智能的生产力是非常巨大的。

通过运用该软件，数据科学家的工作方法也发生了巨大变化。以前，数据整理、预测模型的选择、参数调整所需要的时间占了总工作时间的 80%，用于解决新问题的公式化过程仅占了总时间的 20%。而通过运用 DataRobot，前者的工作占比可以削减至 20%，后者即创造价值的工作用时变为80%，在一定时间内可建立模型的数量也提升了5倍。其结果是，可以争取更多时间与各个部门探讨、寻找新课题。

分析此事例可知，导入DataRobot可以达到以下效果：①解决了数据科学家供给不足的问题；②即便不是数据科学家也可以进行数据分析工作，从而增加了就业机会；③提高数据科学家与非数据科学家两者的生产力；④对于数据科学家而言，有更多的时间用于创造新价值；⑤数据科学家与公司内各部门及客户的互动增加。以上是人工智能所带来的五个积极因素。

## 导入任何人皆可开发人工智能的基础设施尤为重要

读者请看前一篇文章中的图1（第18页），来判断数据科学家的这一案例处于图1中的什么位置。在纵轴（能动性创造力）中，由于所有工作人员都从事人工智能的开发，可以定位在第三个阶段——"创造"。横轴（开放性创造力）中，从数据科学家与公司其他部门和客户交流来看，也应该定位于第三阶段——"社会性需要"。也就是说，这个案例已经达到了图 1 的最右上方区域。

如此看来，营造坏境得以让不是专家的人们也能够开发人工智能是非常重要的。并且，为了确立日本在第四次工业革命中的竞争优势地位，我们也应该这样做。举例来说，我们可以试着假设有两家公司。A 公司拥有 20 个人工智能研究人员，每年运营 100 个项目。B 公司只有两个人工智能研究人员，但公司给即便没有编程与数据分析能力的员工也配备了可从事人工智能开发的基础设施。假设 B 公司有500 个员工的话，由于所有员工都可以开发人工智能，按每人每年 10 个来算，一年总计可以运营 5 000 个项目。

此时，A 公司与 B 公司竞争，谁会取得胜利？答案很明显，当然是 B 公司。原因有两点：首先，因为 B 公司把人工智能加速引进工作现场，数据支持着 B 公司的人工智能在竞争中处于优势地位，并在可获取数据的工作现场实现 PDCA（计划、执行、检查、处理）的高速循环，这成为 B 公司取胜的关键。原因之二，是因为产出的项目数多。二者的项目数差距有 50 倍之多。即使人工智能专家数量少，若能够完善基础设施的话，所有员工都可以参与人工智能开发。

人们可能会认为，欧美的人工智能技术领军企业一定拥有很多的专家，但令人意外的是，很多企业都采取 B 公司的做法。例如，谷歌公司提供人工智能最新技术——TensorFlow[*] 的开放源代码，让任何人都可以很容易地使用"深度学习"功能。这是在该公司完善基础设施的过程中应运而生的。

若进一步梳理，人工智能开发项目可以分为三个阶段。第一阶段是"专家化"，这是一种采用多数人工智能专家的状态。第二阶段是"组织化"，这是一种类似于以"大数据部门"为主体组织架构的项目运营状态。第三阶段是"民主化"，这是一种通过应用基础设施让全

---

[*] TensorFlow 是将复杂的数据结构传输至人工智能神经网络中进行分析和处理的系统，可被用于语音识别、图像识别等多项机器学习和深度学习领域，它可以在小到一部智能手机、大到数千台数据中心服务器等各种设备上运行。——编者注

体员工都能够参与人工智能开发的状态。积极投身数据分析与人工智能的日本企业大体被定位于第二阶段。考虑到今后的竞争战略以及要想实现第四次工业革命就必须向第三阶段迈进。

## 用人工智能验证认知障碍疗法的效果

接下来，我要介绍医疗护理领域的人工智能应用案例。在少子化、高龄化的日本，医疗护理人才的不足以及高离职率已经成为亟待解决的问题，这一领域迫切需要人工智能的导入。

现在，为人们所关注的认知障碍治疗手段之一是源自法国的Humanitude 疗法 *。这是一种将伊夫·金纳斯特（Yves Gineste）与罗塞特·马雷斯科蒂（Rosette Marescotti）共同开发的护理哲学与实践技术相结合，而形成的新的认知障碍治疗手段，已经开始在德国、加

---

* Humanitude 疗法，通过凝视、抚摸、对话、站立等综合交流方式，开展老年人的护理工作。——编者注

拿大、美国以及日本推广。

虽然这是一种拥有 30 多年历史的治疗手段，但仍存在质疑声："Humanitude 疗法是否真的会对认知障碍起作用？"这一质疑阻碍了该治疗手段的普及。在这种背景下，人工智能研究人员开始行动了。在静冈大学的竹林洋一研究室，科研人员利用 NIRS（近红外成像技术，包含评估大脑功能的成像装置等）拍摄了患者接受 Humanitude 治疗过程的视频，并对视频做了分析。具体做法是，在拍摄的视频中加上是否有 Humanitude 疗法的标签，把带有标签的患者的状态转化做成大数据。并运用人工智能技术，对大数据进行分析，成功验证了在治疗进行时大脑是否会有活性变化。研究结果证明，Humanitude 疗法对于认知障碍是有疗效的。

在此基础上，京都大学的中泽笃志研究室，开始了对自动化分析的应用研究。凭借该研究，一旦把治疗过程的视频发送给人工智能，就可以用红色文字显示改善方法建议。此举不仅仅提升了治疗的效果，同时也减轻了医护人员的负担，预期可降低医护人员的离职率。

上述研究的意义主要有以下几点：①缓解了医护人员供不应求的问题；②科学检验了 Humanitude 疗法的有效性；③提升了医护人员提供医疗护理服务的质量；④提升了医护人员的劳动生产率；⑤人类与人工智能携手解决了仅凭人工智能所无法解决的问题。以上五点积极要素是导入人工智能所带来的结果。

若把这一案例套用在图 1 的构想图框架中，由于医护人员使用了人工智能研究人员开发的系统，从而提升了医疗服务质量。根据这一点，纵轴（能动性创造力）可以定位于第二阶段——"使用"。同时，人工智能研究人员提出了医疗护理领域的课题并解决了问题，就这点而言，横轴（开放性创造力）可以定位于第三阶段——"社会性需要"。

数据科学家与医护人员，是以人工智能应用为目的的基础设施"创造者"和"使用者"，使两个角色都很好地发挥了作用。在数据科学家案例中，DataRobot 公司开发了基础设施，非数据科学家通过使用这一基础设施实现了生产力质的飞跃。在医疗护理案例当中，静冈大学从事与完善基础设施相关的开发研究，通过科学验证认知障碍护理疗法，为新疗法以及未来远程疗法的普及贡献了力量。像这种基础设施"创造者"和"使用者"角色能很好发挥作用的场景，可以引导人工智能走向成功。为此，人工智能研究者不要独占技术，而是要一边灵活选择有偿使用与无偿使用两个选项，一边开放作为社会基础设施的技术，这一点也是相当重要的。通过这样的努力，可以扩大人工智能在 GDP 中所占的份额，并能够调节因为应用人工智能而产生的收入差距。

## 人工智能提供从人才录用到职位分配的人力资源工作支持

接下来，将分析白领工作的代表——人力资源工作。人力资源工作大体分为外部人力资源与内部人力资源两类。

构成外部人力资源基础的数据有两个——求职者的简历、企业招聘的岗位说明。这两个数据有相同的特点，即这些数据都是非结构化的"自然语言"。对于计算机与人工智能而言，明确区分"输入项目"

与"被输入值"对应关系的数据是比较容易处理的。另一方面，用自然语言写的数据很难判断在什么地方输入了哪个项目的数据。人工智能为了理解简历以及岗位说明的内容，需要分析非结构化自然语言数据。

为了解决这一点需要使用"自然语言处理"技术。如果进行自然语言处理，可以确保人工智能理解的简历、岗位说明内容具有一定的正确率。由于自然语言处理技术的水平不同，所读取的精度会存在一定的差距，如何实现高精度成为关键。

一旦完成自然语言处理，人工智能便可以理解简历以及岗位说明中的内容特征，这些被称为"特征量"。运用这些特征量可以计算简历与岗位的匹配程度。如果有数据可以说明过去有何种简历的人才，从事了何种岗位要求的工作的话，计算简历与岗位说明的匹配度也就变得容易了。换言之，人工智能可以学习过去的匹配数据。

如果可以按照以上的流程开发人工智能，资料筛选以及简历审查等以往需要人工操作的工作便可以被人工智能替代。这样一来，人们可以把更多时间花在制定人力资源战略等具有更高附加值的工作上面，进而大幅提高外部人力资源的劳动生产率。

接下来要讲的是内部人力资源。外部人力资源当中提到了拥有何种简历的人才从事了何种岗位的工作这一点。录用信号只是表示匹配度的数据之一，录用按照"在线检索→应聘→面试→录用→入职"的流程，对于越靠后的流程，评价匹配性数据就越重要。如果人工智能可以学习被录用一年以后的就职者为企业创造的业绩以及就职者工作积极性的数据的话，匹配的精度会变得更高。由于后者的数据是就职之后的，故属于内部人力资源数据范畴。

## 美国启动了"人力资源科技"（HR—TECH）的新举措

在人工智能开发领域，需要考虑把内部人力资源数据应用到外部人力资源当中，或者把外部人力资源与内部人力资源联系起来的应用场景。例如，像上述案例那样把内部数据应用到外部数据当中，可以预测将来会有一番作为的入职者，从而在录用职员时更关注这些特征。也就是说，内部人力资源的工作关乎于外部人力资源生产力的提高。

由于可以预测怎样的人才可以在怎样的领域有一番作为，这一技术也可以应用于员工的部门分配当中。进而，不仅局限于预测，通过让人工智能学习"员工培训、管理情况"与"员工成长记录表"的对应数据，可以让它来推荐怎样的员工适合怎样的培训和管理。

近年来，在美国的人力资源工作中，启动了"人力资源科技"（HR—TECH）、"人力资源分析"（People Analytics）的新举措，具体的如分析员工的邮件、计划表等大数据，用传感设备追踪员工的实时交流数据，运用可穿戴设备对员工进行健康管理分析等。人们期待通过人工智能综合分析这些数据，以提高岗位分配精度，进而提高管理精度。

人工智能与很多企业的人力资源部门的全新尝试——健康管理的联系也是很密切的。举一个具体例子，介绍一个智能手机应用程序——"我的抑郁日记"。这是一款通过让抑郁症患者记录日常生活进而实现身体状况管理的应用程序，这对于帮助员工从停职休假状态回归工作状态有一定的帮助。此应用程序使用了《丈夫得了抑郁症》原著作者细川貂貂设计的图标，由瑞可利公司开发的。

　　当帮助抑郁症员工从停职状态回归到工作状态时，职业健康医生会与该员工进行 30 分钟左右的面谈。但在短短 30 分钟内，仅凭听取其近况很难作出判断。由于身体状况并不稳定，面谈结果有可能受当天的身体状况影响。

　　通过使用"我的抑郁日记"，职业健康医生可以提前了解员工日常生活的数据，并且还可以根据有深度学习功能的软件预测员工的康复状况。

## 在日本自治体的区域振兴中同样应用了人工智能

下面的案例是关于日本自治体*在区域振兴中如何应用人工智能。在这个案例中，富有"开放性创造力"的日本自治体引导人工智能走向成功。

长野县小布施镇于 2016 年 12 月举办了题为"社交网站与人工智能的进步将如何改变区域间交流"的专题讨论会，包括镇长在内的很多镇民参加了讨论会。其间，大家讨论了在该镇支柱产业——农业领域应用人工智能筛选板栗的想法。

板栗的筛选一年只进行一次，因此，即便是做了 10 年农活的人也只有 10 次经验。实际上板栗筛选在板栗栽培、收获中对于技术能力的要求是最高的。如果人工智能可以支援这一工作，从事农业的人才数量将会增加。这样一来，该镇的农田利用率会得到提高，板栗产

---

* 日本自治体是有自主管理自己区域内的事务的权利，但涉及国家根本的问题和制度还是由国家政府来处理和制定。——编者注

量也会随之增加，品质也会得到提升，进而可以期待板栗价格的提高。通过在板栗的筛选作业中导入人工智能可以取得多种成效。

为什么在小布施镇，仅仅用一天的时间就可以进行如此有意义的讨论呢？小布施镇是一个出了名的可以让游客尽情休闲娱乐的镇子，这里的文化是"在娱乐的间隙工作"。有镇民谈到："如果只是漫无目的的娱乐，也仅仅停留在娱乐的阶段。但如果认真考虑娱乐的意义的话，娱乐也可以变成工作。"这也正是"开放性创造力"能扎根于该镇文化的基础。每个区域都具有底蕴深厚的创造力，若能以此为动力并在此基础上导入人工智能，区域振兴的前景将一片光明。

在区域振兴中该如何使用人工智能，正是我们所面临的课题。2016 年 9 月，斯坦福大学公布了《人工智能百年研究》报告。如题所示，这是一篇斯坦福大学在召集各个研究机构的学者，对人工智能长期以来给人类带来的各种影响梳理后撰写的报告。该报告开头的概述部分对于人工智能的定义是："人工智能是基于设想人类如何使用神经系统，如何通过身体感受，如何推理，如何行动（但处理机制本身不同）的计算机科学技术的集合。"这就意味着只要是能从人类获得灵感的科学、技术，都可以被称为人工智能，这是一个相当广义的定义。相比拘泥于人工智能的狭义定义而言，这个定义是一个放眼社会中实际应用情况的实用型定义。在区域振兴中，需要这种实用主义人工智能解释以及大胆的想法。

至此，我们已经分析了在数据科学、医疗护理、区域振兴、人事领域与人工智能同事协同工作的场景。正如前文所提到的那样，正是"能动性创造力"与"开放性创造力"推动了与人工智能同事共事向前发展。希望各位读者在自己的职场中发挥这两个创造力，尽情享受与人工智能携手工作的乐趣。

第二部分

# 职场应用人工智能的现状与未来

# 预测会被人工智能替代的 601 种职业

上田惠陶奈
岸浩稔
森井爱子

野村综合研究所

未来创发中心 2030 年研究室

咨询事业本部 ICT·媒体产业咨询部

全球基础设施咨询部

　　2015 年 12 月，野村综合研究所（NRI）的未来创发中心发布了一项预测报告，预计日本有 49% 的劳动人口可以被人工智能或机器人等替代。野村综合研究所与英国牛津大学的迈克尔·A. 奥斯本和卡尔·本尼迪克特·弗雷共同研究了日本国内 601 种职业被人工智能或机器人替代的概率（分析细节请参考《职业被替代概率分布图概述》一文）。

　　这一预测表明，很多职业将来都会出现人类与人工智能一起工作的情况。本文将说明这一研究实施的背景与该预测发表后的反响，以及企业面对"和人工智能做同事"的时代应该做哪些努力。

## 思考社会发展中蕴藏的创新机遇

野村综合研究所未来创发中心正在研究 2030 年日本的社会发展形势，例如，劳动力短缺问题就是该年度凸显的社会问题之一。

在日本，人口减少的问题由来已久。当我们关注社会秩序的维系以及社会发展时，劳动人口减少将成为一个重要课题。根据劳动政策研究机构估算，到 2030 年，日本的劳动人口预计将从 2014 年的 6 587 万人减少至 5 800 万人。

面对未来劳动力短缺问题的加剧，日本有两大选项：第一，为了适应低劳动力供给的社会，相应降低社会整体对劳动力的需求。但是，几乎没有人会满足于这样的状况。为了规避这种状况，还有一个选项就是必须采取措施补充劳动力。

补充劳动力又有两种可行方案：引进外国劳动者、促进本国老年人和女性就业，或者使用人工智能、机器人来提高劳动生产率，进而达到补充劳动力的目的。因此，野村综合研究所从对劳动力质的补充观点出发，通过预测现有工作岗位被人工智能以及机器人替代的可能性，探讨可以在何种程度上补充劳动力，并描绘了假设这些替代技术发展下去，企业、政府、社会将发生何种改变。

野村综合研究所发布此报告的目的不是标榜"职业消失"以营造危机感，而是希望在劳动力缺乏的社会背景下，研究如何创造新的机会。我们的研究源于以下问题："劳动力缺乏导致社会发展的前提条件与制约条件改变，其结果不正是为企业、社会带来了新机遇吗？"接下来将举例说明为什么会产生这个问题。

日本职业足球联赛球队大阪钢巴足球俱乐部的主场——吹田足球场（位于大阪府吹田市），在建设中使用了被称为"预制件施工方法"

的技术，相比普通施工方法大幅缩减了成本。所谓预制件施工方法是指事先在其他地方做好基础件，在现场进行组装的施工方法。这项技术并不是新创造的，但由于之前建筑工人充裕及人工成本低并未大量应用，而随着人力减少，迄今为止，在现场召集建筑工人们一起组装成本反而更低。而现在，伴随着日本"3·11"大地震震后重建、2020年东京奥运会、残运会场地建设等需求的增加，建筑工人不足的问题已经显现出来，同时，建筑工人的劳务费也在不断提高。由于劳动力短缺，前提条件发生了改变，使用"预制件施工方法"的经济合理性应运而生。

研究制作人工智能、机器人职业替代可能性图表的背景是"2030年，因为社会发生变化，所以需要考虑新的创新机遇"。"大约半数的职业可以被人工智能、机器人等替代"，这类新闻正在以超乎我们想象的速度在社会中扩散。社会对此的反应大致可被归纳为以下三类。

首先，就单个就业者而言，让其确认自己所从事的职业是否在被替代名单里，并在社交网络上对于自身职业的被替代率发表看法。本次的分析结果是基于"仅存在于技术层面的替代可能性"计算出来的。对于"会消失的工作—不会消失的工作"这个我自己提出的说法，有人倾向于理解成"也包含技术层面外的，实际消失的可能性"。为此，有人反驳这种说法是"纸上谈兵"。对外公布的预测值是机器学习的结果，人类的个体差异还未得到验证。虽说谈不上是"空谈"，但该计算确实仅仅是演算。这件事让我真切地感受到正确传递信息的重要性。

其次，整个社会对于可能有半数工作被替代发表看法。可能是因为很多人都已经习惯了机器带来的自动化，所以"基本上没有感到不适"。进而，有人认为"更应该思考少子化导致的劳动力减少"，也有很多人认为"自动化工作可以缩短加班时间"，从而期待可以改善生活与工作的平衡。奥斯本教授感叹道："相比在其他国家发表相同结果后出现了许多'人工智能抢走饭碗'的威胁论，日本国内的反应多为积极的，这让我很吃惊。"日本社会广泛认识到，他们需要解决劳动力短缺与提高生产力两大问题。社会的主流看法是人工智能以及机器人带来的自动化可以为此贡献力量。

最后，在被人工智能替代的时代，引发了关于"人类应该如何发挥自身的能力，并且为此应该做哪些准备？"等关乎全社会发展道路的讨论，具体又可以细分为三类讨论。

第一类是针对职业能力的讨论，围绕"什么是难以被人工智能替代的，只有人类才有的能力？如何才能具备这种能力？"进行。第二类讨论围绕"假设仅有少数劳动者具备人工智能无法替代的能力，而大多数的劳动者只具备低于人工智能的职业能力的话，该如何应对两极分化社会的到来？"进行。第三类讨论围绕"在分析被人工智能替代的工作内容以及人类应该采取何种对策的基础之上，具体的职业以及企业的业务与经营活动如何变化？"进行。

如上所示，人们对于野村的报告的反应虽不尽相同，但是以思考"和人工智能做同事"的时代为契机，引发了人们对于今后社会发展的广泛讨论，这也算得上是意外收获吧。

## 在竞争战略、产品战略、岗位调整中同样需要人工智能

企业决策者对于社会、技术的变化是非常敏感的。随着"深度学习或将加速人工智能发展"这类新闻不断涌现，许多企业决策者开始思考人工智能会给公司将带来怎样的影响。每个公司都有雇员，"人类有可能被人工智能或者机器人替代"这一说法也许会被进一步扩展为"本公司的雇员在公司内的定位"这类具体的问题。

例如，若涉及技术替代可能性较高的事务性岗位，就必须探讨如果被人工智能替代，这些岗位的雇员们该何去何从。为了与人工智能共事，随之产生的问题是需要重新设计工作岗位。另一方面，诸如客服、销售这种需要密切沟通而具有较低替代可能性的职业，即便是在少子化状态下也必须确保这类岗位有充足的劳动力供给。为此，决策者需要思考是否应从其他被替代可能性高的岗位调过来一些雇员。

在导入人工智能后，虽可期待事务性岗位的生产力提高，但其影响将不仅限于员工的调配。如果事务性岗位的工作效率提高了，其他

相关业务的效率也会提高，进而提高产品及服务的水平。如果产品、服务的内容发生改变，就需要调整企业的竞争战略或者产品战略。企业决策者应该不会局限于我们的研究结果，他们还将进一步思考人工智能给企业将带来的影响。

## 成为讨论创新的契机

在本次研究中，我们使用人工智能分别推算了 601 种职业的被替代概率。在分析过程中，使用了劳动政策研究机构发表在《职业岗位结构相关研究》中的表示各职业特征、技能的数据组。基于这一数据组，列举了几种最有可能被替代的职业与几种最难被替代的职业（被称作"被替代概图"）。在将这些职业的数据组作为训练数据 * 的基础之上，通过机器学习筛选出了具有相似特征的职业，推算出了被替代概率。因此，在制作被替代概图的过程中，表示职业特征的数据，以及选择哪些职业作为训练数据都会在很大程度上影响计算结果。

---

\* 训练数据（train data），即数据挖掘过程中用于数据模型构建的数据。——编者注

由劳动政策研究机构发起的研究，提供了迄今为止日本国内大规模量化职业特征数据库中数一数二的数据组，将其作为本次研究的数据来源是再合适不过的了。训练数据来源于牛津大学奥斯本教授与弗雷博士的《未来的雇佣状况》(*The Future of Employment*)，这样做可使我们的分析过程尽量保证可信性。研究中涉及最有可能被替代的人口比例，其中日本为49%，美国为47%，英国为35%。而对于可能被替代的职业种类而言，各国间基本上没有差异。日本被替代的人口比例较高，反映了日本劳动者中白领占比较高的特征。

由于各国对同一职业的工作内容的说明存在差异，因此，在进行推算时要使用符合本国职业内容与特征的训练数据，才能在分析计算中得到反映本国职业状况的替代可能性概率。

同时，我们的研究忽略了社会的包容性、经济合理性等因素，仅在技术层面分析被替代的可能性。

这项研究的目的并不是让人们过分关注各个职业有无替代可能

性，而是激发我们思考在劳动力问题凸显的不久的将来，政府与企业以及我们每一个人应该如何适应与改变。我们的研究旨在引发讨论，即应用人工智能、机器人是否可以为人类带来创新机遇。

今后，在人工智能推动工作自动化的进程中，作为企业而言，随着人工被机器逐渐替代，则需要向人工智能所不擅长的领域倾注力量。人工智能所不擅长的三种工作是：要求发挥创造力的工作，要求会察言观色与人有效沟通的社会智力类工作，以及非典型、非系统性的工作。

例如，在提供数据分析代理服务的企业中，也许数据分析职业迟早都会被人工智能所替代。但是，用浅显易懂的话语向客户解释数据分析的结果，帮助客户进行经营决策等需要密切沟通的工作是人工智能所无法胜任的。

实际上，通过调查消费者行为，为客户提供产品开发、市场营销等咨询服务的美国 Gongos 公司已经开始转换工作方式，即把分析数据的工作交给人工智能，公司员工主要负责与客户沟通。把人工智能擅长的部分交给机器，其他人员则活跃在人工智能所不擅长的领域，这种做法是极其明智的。人工智能并非抢走了人类的饭碗，人工智能与人类是互补关系。

有人可能会认为在工作中使用人工智能，需要花费很大的成本。但是，今后人工智能的平台将以云端形式提供，有一些大企业正斥巨资构筑这类基础业务系统。与用相对低价 SaaS[*] 实现的情况具有相同结构，但为了可以使用标准平台需要调整公司内部业务。

## 上田惠陶奈

东京大学法学院毕业后，进入野村综合研究所工作。主要从事跨越信息·通信与金融的代表性企业战略与政策课题。

## 岸浩稔

东京大学研究生院公共设施建设专业博士研究生毕业后，进入野村综合研究所。负责创新管理及信息通信·放映媒体领域事业性战略。

## 森井爱子

牛津大学研究生院全球治理专业毕业后进入野村综合研究所工作。在城市基础设施·信息通信领域从事以企业战略为中心的工作。

---

\* SaaS 是 Software-as-a-Service( 软件即服务 ) 的简称，随着互联网技术的发展和应用软件的成熟，在 21 世纪开始兴起的一种完全创新的软件应用模式。——编者注

# 职业被替代概率分布图概述

日经 BP 社在得到野村综合研究所的支持下独立完成了针对本书中提到的工作被替代可能性的统计和分析。

在本书中将分六个业务类别分别介绍应用案例和发展趋势。这六个业务类别分别为"客户支持""销售·市场营销""制造·物流·供应链管理""人力资源·人才管理·行政后勤""企业战略""专业技术人员"。野村综合研究所将奥斯本与弗雷研究的 601 种职业压缩至 180 种，分别预测了被替代概率。本书从中选取了 50 种职业，绘制了一幅被替代概率分布图（见图 2）。

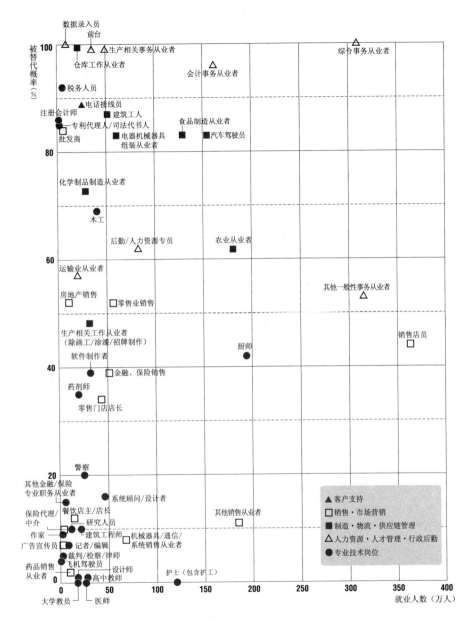

**图2 职业替代概率分布图**

资料来源：日经BP社于2016年根据英国牛津大学迈克尔·A.奥斯本副教授与卡尔·本尼迪克特·弗雷博士的共同研究，基于《以日本国内601种职业为对象，将被人工智能、机器人等替代的概率估算》的数据统计、分析。

例如，电话接线员属于本书中的"客户支持"类别，销售人员可以被归类为"销售·市场营销"业务类别。对于为一般企业的法人、董事提供支持的"企业战略"管理人员虽没有对应确切的职业，但据其属性近似于"销售·市场营销"类别中的零售店经理·店长、餐饮店经理·店长。

从图中六个业务类别看，"销售·市场营销"的各业种的替代可能性比预计要低。野村综合研究所的上田惠陶奈指出："在非固定模式，且需要与客户密切交流的销售领域替代可能性较低。销售不可能完全无人化，销售负责人应该留在需要的岗位。另一方面，例如传达室的工作多数可以由固定模式的人工智能替代。"

在制造现场工作的电器机械组装从业人员的被替代概率保持在80%。"一直以来，日本都在推进制造现场的自动化，现阶段还留有人工操作的地方是本来就无法机械化的。例如，少量多型号的产品可以由掌握多种技能的'多面手'工人对应。这样的工作，并非是马上可以被人工智能替代的。"（上田惠陶奈）

另外，专业技术人员职位分为两个极端——税务会计、注册会计师等模式化业务较多的职位，以及医生、护士等与人直接打交道较多的职位。

IT 方面，"设计、管理功能较强的系统技术顾问被替代的可能性较低，以代码、调试等业务为主的编程将加速自动化进程，被替代的可能性将增大。"（岸浩稔）

教育方面，在线教育等人工智能应用将向前发展，"一边与不同的学生沟通，一边思考教学方式的创新是需要高技能的。如果是大学教授，则要求在专业领域有极高的创新能力。"（上田惠陶奈）

在替代可能性低的专业领域里也开始应用人工智能了，即便是同一工作、业种，能否熟练使用人工智能很大程度上决定了人类"同事"的工作质量。

## 应用人工智能的企业数量在快速增长，深度学习取得突破

接下来的部分，将最近 2—3 年导入人工智能的超过 25 家公司的实际案例分别按照"客户支持""销售·市场营销""制造·物流·供应链管理""人力资源·人才管理·行政后勤""企业战略"五个业务种类介绍。第三部分，则刊载了六种在"专业技术岗位"中导入人工智能的案例（包含了改编自刊登在《日经大数据》《日经 Computer》等的文章。）

## 通过机器学习获取新知识

全部案例的共同点是，很多企业运用了作为人工智能基础的、包含"深度学习"在内的机器学习。所谓机器学习，是让计算机在功能上实现相当于人类学习能力的技术。其特点是，并非将人类已经获得的知识填充到计算机里，而是通过让计算机自主学习发现知识。通过机器学习发现公司员工所不具备的知识，旨在提高工作效率，提升服务品质。

按照类别来看，"销售·市场营销"的案例数量较多。这不仅意味着媒体对此领域关注较多，也同时意味着相比其他类别，此领域人工智能的导入速度较快。其中，在市场业务中导入人工智能的企业数量最多。其背景是，从很早以前就开始的 POS（销售终端信息系统）导入不断深化，相比其他的领域已经积累了庞大的数据。同样，购物网站也很容易积累大量的数据。在市场业务中很早就已经推进了大数据的应用，人们期待导入人工智能分析数据以获得新知识。

## 在客户服务中导入 IBM 沃森的企业急速增加

在导入技术中，除了机器学习，IBM 沃森（Watson）的应用也同样引人注目。作为认知技术的一种，沃森的基本功能是提示认为符合人类提问的回答，同时具备通过学习提高回答精度的功能。在对应客户咨询的业务中，应用沃森的企业在急速增加。除了日本三大银行巨头（三井住友、瑞穗、三菱东京 UFJ）已经导入沃森解决客服问题，软银也通过导入沃森应对员工有关人力资源方面的问询。

企业经营管理的主要工作是发现问题并制定出解决方案。因为企业经营完全属于非固定模式业务，所以基本上没有推进人工智能的应用，然而那些为决策提供支持的领域还是可以应用人工智能的。

## 专业技术岗位中的固定模式类工作也是人工智能擅长的领域

在专业技术岗位中，被人工智能替代可能性呈现两极分化。活跃在新媒体艺术领域，同时也在努力打造人工智能DJ的真锅大度指出："技术工人的工作是人工智能擅长的领域，而人类则需要提出创意理念"（详情参考本书第三部分）。而在专业技术岗位中，固定模式工作可能将会被人工智能所替代。

在第三部分中，列举了"记者""医生""侍酒师""教师·补习班讲师"等将导入人工智能的六种专业技术岗位案例。这些案例全部属于非固定模式业务，预测被替代可能性是比较低的，但即便如此，在这些案例中采用机器学习与沃森的职位却在逐渐增加（见表1）。

**表1　第二部分和第三部分中列举的人工智能导入案例**

| 企业 | 导入人工智能的领域或职业 | 基础技术 |
| --- | --- | --- |
| 客户支持 | | |
| 大金工业 | 商用空调的售后服务 | 机器学习（深度学习） |
| 豪斯登堡 | 主题公园中的应用与顾客接待 | 认知技术（沃森） |
| 日本三大银行巨头 | 客户应对 | 认知技术（沃森） |
| 五十铃汽车 | 卡车的运行监控 | 机器学习 |
| 销售·市场营销 | | |
| 春山商事 | 电子商务网站的促销业务 | 提取顾客偏好的技术 |

| CaSy | 家政服务 | 认知技术（图像识别） |
|---|---|---|
| 美国爱彼迎 Airbnb | 住宿服务的定价 | 机器学习 |
| 三越伊势丹 | 店铺顾客接待 | 提取个人感性的技术 |
| TRIAL COMPANY | 店铺的员工配置最优化 | 机器学习（深度学习） |
| IDOM | 二手车买卖计划 | 机器学习 |
| JINS | 适合顾客的眼镜方案 | 机器学习（深度学习） |
| AKINDO SUSHIRO | 顾客的排队时间预测 | 机器学习 |
| 制造·物流·供应链管理 | | |
| 发那科 | 码砾机器人控制 | 机器学习（深度学习） |
| 朝日啤酒 | 啤酒的需求预测 | 机器学习（异种混合学习） |
| ASKUL | 配送时间通知的精度提高 | 机器学习（深度学习） |
| 日立物流 | 仓库作业顺序的最优化 | 运行判断型 |
| 人才资源·人才管理·行政后勤 | | |
| BizReach | 人才的评价 | 相关性分析 |
| 住友电装 | 面试邀约的匹配 | 机器学习 |
| SUSQUE | 计算员工的离职概率 | 机器学习 |
| FRONTEO | 分析员工"信息泄露的潜在势力" | 机器学习 |
| 软银 | 应对人力资源和法务的问询 | 认知技术（沃森） |

| | | |
|---|---|---|
| 大林组 | 能源的消耗预测 | 机器学习（异种混合学习） |
| Works Applications | 分析 ERP 的输入数据候补 | 机器学习 |
| 企业战略 | | |
| 日立制作所 | 针对讨论题目提出赞成—反对观点 | 题目文字的结构化与相关信息获取 |
| 专业技术岗位 | | |
| Datasection | 记者 | 机器学习（深度学习） |
| 东京大学医学研究所 | 医学人员 | 认知技术（沃森） |
| 三越伊势丹控股 大丸松坂屋百货店 | 侍酒师 | 提取个人感性的技术 |
| sight-visit | 教师·补习班讲师 | 机器学习 |
| 美国 Magisto | 影视制作人员 | Emotionscenter（自有技术） |
| McCann-Erickson | 广告制作人员 | 机器学习 |

# 运用深度学习技术使空调维修高效化

▶▶▶大金工业

大金工业正在推进作为机器学习技术之一的深度学习的应用。第一步，是售后服务业务的高效化，大金工业开始与新兴企业 ABEJA 公司（位于东京都港区）合作。

大金工业电子系统事业部部长大藤圭一说道："我们认为使用深度学习技术或许可以改善商用空调维修业务，故与熟知这一技术的 ABEJA 公司合作。大金工业，拥有超过 20 年以上的商用空调修理服务相关数据。我们期待开发一个系统，通过让人工智能系统深度学习这些数据，指导现场工程师对应维修问题。与空调维修相关的咨询会发到联络中心，一旦输入这些信息，系统就会指导现场工程师该怎样做（见图 3）。"

　　以"不再制冷"或"有异常响动"等空调异常状况为首，输入空调的机型、使用年数、安装环境等众多条件后，已学习模型运算法则会判断并指导存在哪些故障原因，需要哪些零件，维修应该如何操作。这样一来，工程师只需要一次拜访就可以为客户提供适合的服务。

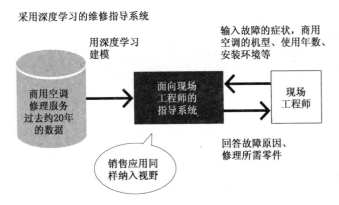

采用深度学习的维修指导系统

用深度学习建模

商用空调修理服务过去约20年的数据

面向现场工程师的指导系统

销售应用同样纳入视野

输入故障的症状，商用空调的机型、使用年数、安装环境等

现场工程师

回答故障原因、修理所需零件

**图 3　运用深度学习开发维修指导系统**

大藤部长谈道："如果该系统适用于维修工程师，也应该同样适用于销售人员。这关系到销售业务的改进。"顺便提一句，电子系统事业部在大金工业发挥着 IT 供应商的作用，从事着业务用软件包的开发、销售工作。1999 年发售的业务流程改革软件 Space Finder 被村田制作所、TANITA、明电舍等约 480 家公司采用。将这种应用深度学习技术的服务型员工业务改革解决方案提供给其他公司的计划已经提上议程。

大金工业为本公司的空调提供远程监控系统 AIRNET，这一系统的功能是预测 70% 的故障。

故障预测系统是这样运作的：在全世界商用空调上搭载"现场监控终端"，即在空调上安装的传感器可以在一分钟内监控捕捉包含热交换器温度、外部气温、高压压力、低压压力，以及各种功能零件的变频器频率、室内机液管温度、气管温度等在内的 90 项、约 400 个数据，进而检测出大于预先设定值的、可能与故障有关的数据。

把检测出的数据输入到 10 种逻辑（基本都是条件式）内进行故障预测。例如，当室内机冷媒温度下降时，很多情况下都是因为滤网阻塞，这是一种与故障建立联系的逻辑关系。将冷媒温度等参数输入逻辑内预测故障。故障预测系统 24 小时总结一次按小时预测的故障信息，发送至大金工业的 AIRNET 控制中心。

故障预测信息分为三个等级，根据等级不同，具体的对应方式也不同。等级 1 可能在 24 小时内出现故障，维修工程师会在 2 小时内赶赴现场处理。等级 2 和等级 3 则分别可能在几周、几年内出现故障。监控终端也可检测出并未发展成故障的异常数据，并发送至AIRNET 控制中心。伴随故障预测系统检测信息的同时，工程师也在调查原因并寻找对策。

2015 年 11 月于大阪府摄津市开设的技术创新中心的足利朋义谈道："从中长期来看，大金工业期待通过开发使用深度学习的故障预测系统提高故障预测精度。"推进故障预测系统开发的 TIC 是在全球

推进官产学结合*的重要力量，其实现了凝聚公司内部与外部智慧的
"大金式合作创新"。

---

\* "官"是指政府，"产"是指产业界、企业，"学"是指学术界，包括大学
与科研机构等。——译者注

# 机器人员工变革酒店服务业
## ▶▶▶豪斯登堡主题公园

　　长崎县佐世保市的大村湾有一座巨大的主题公园——豪斯登堡（Huis ten Bosch）。该主题公园的实际建筑用地是东京迪士尼乐园的三倍之大，内有酒店及餐厅、剧院等，自 2015 年夏天以来接连出现了机器人员工的身影。豪斯登堡主题公园的总经理，泽田秀雄这样描述："我们在这里打造出了全世界生产率最高的酒店，为服务产业带来了变革。"

　　2015 年 7 月在主题公园内开设了一家有机器人员工在内工作的

新型住宿设施——"奇特酒店"[HennNaHotel，"Hcnn"（变）也包含着"经常变化"的意思，日语：変なホテル]，开业初期在酒店的一号楼中开设了 72 间客房。

在通往奇特酒店的山坡上，游客会遇见正在剪草的机器人。进入酒店大厅，演奏钢琴和引导机器人会出来迎接住宿的客人。

客人首先根据前台机器人的语音提示在平板电脑里录入自己的名字，当此数据与预约人信息匹配之后，再输入入住所需要的其他信息。核对手续办理好后，前台的机器会发放房卡，客人们就可以凭这张房卡去房间了。此时，有需要的话可以输入房间号码呼叫提供行李搬运服务的机器人。接下来，客人可以在房间前面举起门卡，记录人脸信息。此后，仅靠人脸识别就可以打开房门。

奇特酒店能顺利运营的关键是不间断的前台服务。"我们选用了即便是一天 24 小时一年 365 天连续使用也不会损坏的机器人。倘若是普通机器人，连续使用 3 个小时就必须让它们休息，这是不行的。"

（泽田秀雄）酒店最终选用的是在科技博物馆等放置的模仿动作的"模仿机器人"，它们即使连续运行也不会损坏，达到了预期效果。

同时，酒店又根据客户需求，增加机器人对话的语种，并把机器人数量从 2 台增加至 3 台，从而实现了实质性的员工削减。现在工作的 3 台机器人可以使用日英中韩四国语言，客人只要报上名字，机器人便可自动识别。酒店也正在开发通过扫描护照自动读取预约信息的系统。除此之外，酒店也导入了剪草、擦玻璃等各种机器人以进一步降低员工数。截至 2016 年 7 月，酒店已经从开业初期的 6 种 82 台机器人增加至 16 种 182 台，一共增加了 100 台。

在开业初期，奇特酒店一号楼靠 30 名普通员工打理，随着二号楼开业，房间数量增至 144 间，共增加了一倍。即便如此，2016 年底普通员工的人数反而削减至 6 人，换算成效率，提高了 10 倍。"考虑到早中晚与深夜需要换班，实际上最少由 1 个普通员工就能顺利运营"（泽田秀雄）。

在 2016 年 7 月开业的"奇特餐厅"里，机器人制作御好烧（日本小食），倒啤酒或者果汁并端给客人。客人还能够在这里欣赏演出，提前体验未来酒店的服务。餐厅内，在服务员身后紧跟着的"撤盘"机器人，是使用了一种用相机识别特定物体并紧随其后的机器人。

同时，我们也在着手进行人工智能的验证试验。在奇特餐厅的入口处，机器人正在学习如何一边与客人对话，一边将客人的口味与菜单匹配，或者通过询问其来自哪里来匹配合其口味的食物。这一系统的开发是与 IBM 联手进行的，搭载了 IBM 的沃森认知系统。当决策者判断人工智能已经成熟的时候，会将其运用于奇特酒店的前台服务系统，以提供更灵活的服务。

同时，主题公园的决策者们也正考虑使用机器人等最新科技提高公园的整体运营效率。例如，通过用高性能摄像头掌握园内情况可以实现高效服务。其方法是通过影像分析游客的举止判断其是否遇到了困难，"首先机器人会靠近游客了解情况，根据需要也会呼叫其他普通工作人员"（泽田秀雄）。像这样通过机器人与人类合作，"三年后，主题公园运营所需要的员工将削减至一半。这样做的目的并非是减少员工数量，而是让他们从事更有创造力的工作。"泽田这样描述他的设想。

豪斯登堡主题公园已经成为一个预知未来日本服务产业应该如何解决老龄化、少子化问题的巨型试验室。

**图4 在前台接待客人的机器人以及在餐厅应对顾客的机器人**

# 豪斯登堡主题公园成为前沿技术的试验室
## ——专访豪斯登堡总经理泽田秀雄

泽田秀雄总经理于 2016 年 7 月创立了一家对外提供机器人应用技术的公司，以提高以酒店为首的服务产业的生产力。

豪斯登堡于 2015 年 7 月开始经营由机器人提供前台服务的"奇特酒店"。其发起人是豪斯登堡总经理泽田秀雄，他同时还是资产超过 5 000 亿日元的 HIS 集团的董事长。

问：您在酒店内引入了各种各样的机器人并引起了各界的关注，为何会想到这样做呢？

"由于经营主题公园，在让大家尽情享受的同时，提高生产力也是主要目的之一。

因此，我从四年前开始思考应用机器人与自动化，并渐渐让富田（直美经营顾问、首席技术官）等人也参与进来。

我入住豪斯登堡的酒店时发觉，虽说是为了给客人提供更好的服务，但却安排了更冗余的人员，而且通常效率不高，比如酒店有许多不需要的灯也常亮着。

为了解决像这种酒店等服务业普遍存在的问题，我就想是否能用得上机器人、人工智能等技术，之后，逐渐开始应用这些技术。这是一家环保型酒店，并且是世界上生产力最高的酒店。前台机器人是世界首创，已经在申请专利。"

问：试运营后有哪些体会？

"机器人无法做到百分之百的完美。例如，在奇特酒店引入的剪草和擦玻璃机器人。这些机器人可以完成九成的必需业务，剩下的一成交给人类做。这样一来，比如人类原本需要 5 个小时的工作可以缩短至 30 分钟。

让机器人清扫房间、打理浴室以及更换床单是很难的，可以说现在还处于试验阶段。希望在几个月内可以实现系统根据预约自动分配房间。"

## 问：如何推进机器人开发？

"如果我们要成立机器人的研发公司需要花 10 年时间。然而，世界上同时也存在很多机器人公司、大学等合作机构，我们在与这些公司、大学联手的基础之上加入了自己的应用技术。与此同时，对合作方而言，他们可以在豪斯登堡做机器人、人工智能的尝试，进而开发出前沿的技术。

我们看了很多厂家的机器人，渐渐懂得在什么地方做哪些改变后就可以为我所用。现在是'云时代'，在云端的软件上可以实现各种各样的控制。

比如，在前台放置的储物柜机器人原本是安川电机的，而将它用于存放行李是我们的主意。我们在对其做了细微的改变后开始使用。"

## 应对重大变化是人类的职责

**问：你们是否正在分析机器人应用中积累的数据？**

"虽然现在还没有分析，但据首席技术官富田所说的，这将成为商机，所以我们正在积累数据。

虽然还不知道届时数据究竟会归豪斯登堡所有，还是归提供机器人、人工智能公司所有。至少，我们必须掌握数据应用能力。

假设十年之后会出现具备1 000倍计算能力的计算机，到那时，在一瞬间就可以完成庞大数据的输入。

倘若如此，有此事情也许只要让人工智能基于过去的数据作出判断就可以完成了。但是，对于需要有想象力来完成的事情，以及灵活应对经济波动等事情，仍然是人类的职责范畴。"

问：在豪斯登堡的广阔空间内游客是怎样活动的？有没有用数据把握人们的活动？

"虽然现在还没有这样做，但将来也许可以采集诸如游客行动线路等全部数据。由于照相机技术在不断发展，如果用计算机分析图像，就可以知道哪里有人进入，哪里比较热闹。若想知道游客是否在指定地点，还可以使用 GPS。

上述提到的应用，有部分已经处于准备阶段，也许在不久的将来就会落实。虽说目前只是预言，但预言也可能成为现实，希望今后可以通过数据分析把握这些情况。今后，通过分析大数据可能会开展兼顾季节、游客居住区域等因素的推广活动。"

问：在豪斯登堡放置机器人设备有无提高运营效率？

"机器人摄像头会监控园区内游客的影像，当察觉到异常时，近处的机器人会走过去询问游客遇到的困难。同时，工作人员也可能会赶过去。

三年后，主题公园运营所需的员工数量将减至一半。虽说公园会配置机器人，但关键的地方还是需要人手的。人类减少了一半的工作量，可以利用节省下来的时间做些其他事情，这样一来，生产力会翻倍，运营经费也会减半。"

**问：今后将如何发展豪斯登堡主题公园？**

"豪斯登堡的规模大体与摩纳哥公国相当，其坐拥5家酒店、20个餐厅、20家店铺，甚至还有发电站，仿佛是一个'国家'。由于是私有土地，公园可以在不受规定限制的情况下进行各种试验。我想把它打造成为一个试验室，而实际上也是这样做的。

若把豪斯登堡单纯打造成一个未来都市也是乏味的。我希望，在那里，人们可以亲近花草树木等丰富的自然环境以及人文环境，街道可以造得像古代欧洲的一样，但它的背后依托的是最先进的技术。

虽说公园使用的是最先进的技术，但它呈现出来的是原生态与自然。我是一个既不用智能手机，也不用手表、邮件的原始人。正因为站在这种观察角度，我们可以知道世界将向着怎样的方向发展。

倘若忽视科技的话，就会像美国的胶卷制造商一样错误地判断潮流趋势。可能他们认为相比清晰度如此低下的数码相机而言，胶卷是不可能被打败的。不曾想，数码相机的功能急速提升，最终自己竟落到如此田地。为了不重蹈覆辙，就不能小看科技与变化，但同时也需要像我这样的原始人，坚守自然，两者应共存。"

## 泽田秀雄

豪斯登堡总经理、HIS 董事长。他从自己到联邦德国留学的亲身经历出发，希望任何人都能够以较少的负担出国旅行。他于 1980 年成立旅行社 International Tours，并于 2010 年收购豪斯登堡。自 2016 年起担任 HIS 会长兼董事长。

# 利用 IBM 沃森提升客户服务品质
## ▶▶▶日本三大银行巨头

日本银行业正在加速导入 IBM 的问答系统沃森，三大银行巨头已让沃森完成了实战首秀。沃森是一种使用"认知计算技术"的问题回答人工智能系统，在 2011 年 2 月美国人气智力竞赛节目《危险边缘》上击败两名人类选手而夺冠。

三井住友银行和瑞穗银行正在客服业务中使用沃森。自 2015 年9 月起，三井住友银行开始使用新的声音传感技术使客户与接线员的沟通可以实现文本数据化，再将问题发送给沃森，它将按照可信度高低顺序列举答案。系统统括部的冈知博这样描述他们的目的："希望可以控制接线员给客户提示答案的质量差异，并加快答复速度。"

在实际使用验证中，沃森对符合 160 个问题的答案按照可信度高低顺序排列，并显示可信度最高的五个答案，其得到的结果约有八成是正确的，因而判断它达到了"技术上可使用的水平"。在技术验证中，让沃森熟记专业词汇 5 000 个，Q&A（问答集）1 500 件，业务说明书 1 500 份。沃森可以从这些信息中瞬间找到答案，并显示可信度最高的五个答案。对于沃森给出的提示内容，接线员只需要输入"有帮助"或"没有帮助"进行反馈。若输入后者，从下次起对于相同问题就无需显示该答案了。

瑞穗银行也已经把搭载有沃森的系统导入客服中心。当客户打来咨询电话时，通过声音识别技术将客户的声音转换成文本数据，用沃森做分析。通过识别产品、流程等关键词，接线员的画面中会显示FAQ（常见问题与解答）或者相关产品。随着客户与接线员进一步对话，产品、流程的范围会进一步缩小。与此同时，FAQ、产品信息会被替换。通过重复学习这些步骤提高回答精确度。

此外，该行也致力于用软银机器人公司（Softbank Robotics）提供的人形机器人"胡椒"（Pepper）与沃森联手接待顾客。这一举措以 IBM 东京基础研究所开发的通用机器人技术为基础，目的是要将店铺中的机器人运用于现实客户服务中。

另一方面，三菱东京 UFJ 银行将沃森导入了 LINE[*]的公众号，用于提供"Q&A 服务"。其原理是通过云端上可以使用沃森功能的应用程序接口进行分析。期待通过导入沃森，甚至可以理解提问者提出的模棱两可的问题，并能给出确切的回答。由于沃森在不断学习提问的内容，会不断提高回答的准确性。

不仅是资金实力雄厚的银行巨头，就连日本本地银行也开始导入沃森。千叶银行于 2016 年 10 月宣布，包含该行在内的六家本地银

---

* LINE，即时通信软件，与微信功能类似。——编者注

行（千叶、第四、中国、伊予、东邦、北洋各行）加入旨在应用人工智能技术的项目，并开始在 IBM 的帮助下，尝试使用沃森提升工作效率。

# 通过机器学习找出汽车故障原因
▶▶▶五十铃汽车

五十铃汽车在 2015 年 10 月改款设计的新型汽车中，安装了作为出厂标配的运行监控系统。该系统通过应用零件相关数据，判断故障原因或预测故障，从而实现预防故障的目的。判定故障原因的算法中使用了机器学习，并将过去的维修信息作为训练数据，提高判定故障原因的准确性。

该公司的数据应用推进部部长前圆升这样解释："通过卡车等商用车的零件运行数据监控服务，有助于维护卡车更好地运行。"五十铃在 2013 年 6 月成立数据应用推进部之前，就已经开始收集车辆运行数据。

该公司在 2015 年 10 月改款设计的新型卡车 GIGA 中，将运行监控服务系统作为标配安装，收集与零件相关的各种数据。

运行监测系统分为故障、故障征兆、故障预防三个阶段。根据每一个阶段收集必要的零件数据，并分别采用不同的方法分析。

为了判定造成故障的原因，需要监控故障发生前后按时间顺序排列的数据。它像一个飞机"黑匣子"，可以知道在故障发生前后司机踩了多少下油门。例如，根据"想要进一步加速而踩下油门，但并没有加速"可以判断"燃料喷射组件有故障"。当汽车无法行驶时，只要把故障代码发送给客户就可以判断故障原因。

实际上，在 GIGA 销售前五十铃就开始呼吁使用商用车的运输公司参与合作，将大约 4 万辆汽车的实时数据储存在了云端。

若汽车通过更换零件就可以排除引擎故障，这一零件的故障即为导致引擎故障的原因。将这样的维修信息作为训练数据，来打造判断故障原因的机器学习计算程序。虽然系统目前仍处于试验阶段，但现有的计算程序正确率已经达到 96% 以上，并在进一步提高精度。

在故障征兆阶段，可通过比较卡车的尾气处理系统正常状态与故障状态的特征，从而确定应该检测的数据。目前，系统有两种监控数据的设备：收集煤烟 PM 颗粒的滤网，以及净化氮氧化物的装置。收集煤烟 PM 颗粒的滤网和吸尘器的集尘纸袋一样可以检测是否已经装满，并自动升至高温燃烧，使其变为灰烬从而减少容积。如果灰已经装满，可把滤网取下把里面的灰倒出。

迄今为止，五十铃建议用户"每年处理一次"。但是，一旦灰变满，引擎的转速就无法提上去了。虽然不会排放大量煤烟，但是引擎会停止工作。为此，滤网的监控，即观察自动升至高温燃烧 PM 颗粒的功能是否正常依靠的是数据观测。

监控这一数据，当达到表示故障征兆的阀值时通知用户。阈值很难确定，因为如果正好设定为临界值的话，在维修前就会出现故障了。

在故障预防阶段，系统监控的是换挡促动器的动作次数，当动作次数达到几百万次时就会建议用户点检。

# 用人工智能判断顾客喜好，通过 12 000 条邮件广告提高销售额
## ▶▶▶春山商事

男装连锁春山商事，在最新的数字化应用中表现颇为积极。近日，该公司在电子商务网站中导入了人工智能。倘若顾客在其网站上点击几件想试穿的衣服，人工智能便会将这个顾客的喜好数据化，并给出服装搭配的建议等。这种人工智能是由创业公司 COLORFUL BOARD（位于东京都涩谷区）提供的。

春山商事通过将人工智能导入电子商务网站"希望提高现在占总体业务还不到 2% 的电子商务的业务比例，预计在半年后其核心系统

也会有很大的改进，顾客挑选商品会变得更加容易。该公司还计划改变物流系统，以提高配送速度，现有的情况是无修改袖长要求的，在下单后第二天配送，有修改袖长要求的则一周后配送。将来，这样的状况将得到改善。计划在 3 年时间内将电子商务业务比例提高到 5%。"治山正史社长这样说。

2016 年 7 月，在 COLORFUL BOARD 的帮助下，春山商事根据每个顾客的喜好发送了 12 000 条内容各异的邮件广告。此后，与传统广告相比男性和女性的到店率分别增加了 15% 和 13%。并且男性客户的消费单价大幅增长 30%。COLORFUL BOARD 渡边祐树总经理提到："我们这次集中力量推广畅销商品。倘若商品数量进一步增加，广告也会变得更加个性化。届时，广告用语、设计理念、优惠券的内容将会根据顾客偏好进行定制。"

本次推广的商品品种包括：男装方面，西装 290 种、外套 70 种、衬衫 450 种等共计 1 090 种。女装方面，外套 40 种、裙装 40 种、衬衫 80 种等共计 195 种。

治山总经理与渡边总经理就今后应该如何扩大人工智能应用范围的问题进行了多次协商。渡边总经理谈道："正在考虑用人工智能分析春山商事所拥有的数据，例如通过分析销售人员的知识，看能否建立起系统化的顾客接待技术体系。希望今后能以共同研究的形式推进业务的整体改善。"

　　治山总经理也说道："人工智能是另一个自己，它可以替自己选择喜欢的衣服，但同样需要销售人员更专业、更合适的建议。希望今后能够与COLORFUL BOARD 联手运用人工智能满足客户真正的需求，解决客户的问题、忧虑。客户所追求的并非是一套面试西装，而是一封来自心仪企业的录用通知书。商业人士则希望完成一次成功的会晤来赢得客户的信赖。我们最终想做的是通过使用人工智能来解决问题。"这表现了他把人工智能视作"工具"的观点。

　　不仅是人工智能，治山总经理同样致力于用数据改革企业，使其从现在业界排名第四奋起直追，努力变成"不可或缺的企业"。从几年前开始，治山总经理就开始与外部合作伙伴共同研究并解决男装行业的特有问题从而推动了企业内的各种改革。

例如，大幅削减约占销售额 10% 的广告费用。基于顾客喜好数据，分析如何给不同区域和群体的顾客发送广告会更有效果。这样既减少了广告发送数量同时又提高了反馈率，削减广告宣传费用的同时维持乃至提高了销售额。

"只需用占销售额 5% 的广告宣传费就可以取得很好的效果。"治山总经理透露。春山商事 2016 年 3 月的销售额是 543.8 亿日元，其中，广告宣传费为 45 亿日元，约占销售额的 8.3%，与上期相比压缩了广告宣传费并增加了 7.9% 的销售额。

将削减广告费用所获得的资金用于创造优势商品之上。治山总经理明确提出："我们的目标是成为基础设施类企业。"成为像铁路、电力、燃气、便利店等一样的"如果不存在，生活就会变得不便并会丧失生活乐趣的企业"。

就像李维斯推出牛仔裤，美国布鲁克兄弟推出扣结领衬衫一样，治山总经理充满激情地说："春山商事也想开发能流传百年的经典款商品。"正因为有这份激情才能成功开发出累计销售量达到 100 万件、舒适度高、对肌肤柔和的 T 恤衫"i-shirt"。该 T 恤衫的不变形等级达到了 5 级，免熨烫。此外，还使用了具有抗菌、消炎功能的空气触媒材料，无需苦恼汗味等异味。

春山商事是 2008 年北京奥运会日本参赛选手的 T 恤衫的官方赞助商。日本奥林匹克委员会要求春山商事生产出"即使折叠也不会有褶皱的 T 恤衫"，必须满足日本奥委员竹田恒和会长提出的要求："北京的夏天十分炎热，需要为我们生产凉快的 T 恤衫，一定要对身体没有束缚感，并且要平整。"春山商事与东洋纺共同研发，i-shirt 应运而生，并于 2009 年开始销售。

但是，在当时顾客对于 i-shirt 的评价并不高。因此，春山商事通过顾客满意度反馈卡以及从顾客接待中不断听取顾客反馈以对产品进行持续改善，最终研发出现在的销量百万件的差异化产品。

在为"打造流传百年的经典商品"目标努力的过程中，i-shirt
应运而生。春山商事正从新的人工智能、数据分析中获取能量，并不
断迎接新的挑战。

# 用人工智能分析房间照片，预估家政服务费
## ▶▶▶ CaSy

CaSy 公司导入了云端家政服务 "CaSy"，人工智能会根据上传的房间照片评定脏乱程度，并对清扫时间和费用进行估算。

从 2016 年 10 月起，该公司与 LINE 联手在手机应用软件 LINE 上提供新服务。开始在 LINE 上发送家政服务的各种推送消息，只要上传房间照片，人工智能就可以用 4 个等级评定房间的脏乱程度，并对家政服务的费用与时间进行估算。

该公司是为会员用户提供清扫、烹饪等家政服务的企业。在与LINE 合作以前，对于在网站上申请使用服务的会员，公司会用电子邮件发送服务通知，以及上门服务人员的确认通知等信息。但是，CaSy 公司判断"随着使用聊天工具 LINE 的人数在不断增加，希望在LINE 上发送家政服务通知的客户呼声也越来越高"（该公司的新闻公告），故而着手导入使用 LINE 的新服务。

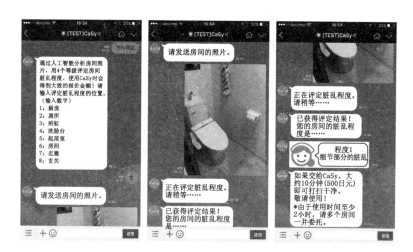

**图 5　CaSy 与 LINE 联手合作推出云端家政服务**

资料来源：转自 pressrelease（https：//www.value-press.com/pressrelease/ 172247）的照片。

导入人工智能的家政服务以前是根据会员自己提出的脏乱程度来估算费用以及时间。今后，只需在 LINE 上上传房间照片，人工智能就可以根据照片自动分析出脏乱程度，估算"清扫时间"，以及清扫可能需要的"费用"。

# 利用人工智能进行动态定价
▶▶▶爱彼迎

　　美国爱彼迎（Airbnb）是一家提供民宿预定服务的网站，让普通人可以把自己家或家中空余的部分租借给住宿者。在该公司提供的住宿服务中，每天的住宿费用都有很大的波动，然而决定住宿费用的并非是借出房子的房东。爱彼迎通过机器学习生成的计算程序会预测住宿需求以及每个房间的价格弹性，每天都会确定让房东收入最大化的住宿费用。

　　爱彼迎会给房东提供动态定价的辅助工具 Smart Pricing。只需将价格上限、下限、接待住宿人数这三个信息输入程序，便会计算出合适的定价。

Smart Pricing 的项目经理卡拉·佩里卡诺（Carla Pellicano）说："对于房东而言，为了设定住宿价格需要收集各种信息，并且要每天持续更新价格，这是一项非常困难的工作。我们想提供一种既可以减少工作量又可以使房东收入最大化的工具。"

计算程序从城市的住宿需求、房间的位置、房间设施（或者价格弹性）三点出发来确定价格。所谓价格弹性，是指伴随住宿费用上下浮动而产生的需求量变化的大小。

在以天为单位预测住宿需求以及价格弹性的计算程序中所使用数据的种类就有数百种，这些价格计算程序全部是通过机器学习开发出来的。学习过的数据达到几十亿个，预测模型的"特征"数也达到了几十万个。

计算程序也会根据最近城市内有无大型活动等住宿预约倾向自动预测，不需要房东输入活动日程表。

该公司的数据科学家伊弗拉（Ifrah）解释说："在住宿费用定价问题上，相比需求倾向而言房间的价格弹性更为重要。"

例如，住宿需求是由于运动会等活动而产生的，即便是提高定价这种需求也较难有减少的倾向。因为房客具有"无论如何都要住在这个城市"的动机。另一方面，如果住宿需求定位是度假住宿，若提高定价，需求量就会急剧减少，因为房客会选择其他住处或者选择其他城市。

爱彼迎所管理的几百万个房间各自的价格弹性也是根据以往的住宿业绩数据预测的。房间的价格弹性会根据到电车站、公交站的距离，在城市街区的地理位置，以前入住的房客对于房间的评价以及评论内容而变化。

例如，相比没有任何房客评价的房间而言，哪怕仅有一个评论的房间也会随着需求量的增加而被设定为缺乏价格弹性。虽说评论数本身不会影响住宿费用，但是"三星"评论较多的民宿价格弹性会更小。

在美国，民宿的地址对于住宿费用也会有较大的影响。因为像旧金山这样的都市圈，哪怕只有一条街道的差别，街道的环境以及治安就会有很大的变化。Smart Pricing 也会考虑房东的经营方针来制定住宿费用。爱彼迎的房东终究只是普通人，既有想让房间入住率最大化的，也有为了不影响主业而不愿接受过多房客的。

为此，Smart Pricing 针对那些想要提高入住率的房东制定了有竞争力的价格，为其他的房东制定了凭借低入住率也可增加收入的价格。

Smart Pricing 高级软件工程师张力（Chang Lee）说："在价格预测中基本没有人类的参与。"由于避免了人类的参与，爱彼迎一天可以预测出几百万个由其管理的民宿的价格弹性。

　　爱彼迎还向外部公开了机器学习系统。2015 年 5 月，爱彼迎将其开发的 Aerosolve 作为开放源代码软件开放。预测计算程序的开发中也使用了 Aerosolve。爱彼迎的优势并非在于商业模式而是在于技术能力，Smart Pricing 就是一个强有力的例子（见图 6）。

图 6　Smart Pricing 界面

# 分析顾客喜好为其推荐最合适的商品
## ▶▶▶三越伊势丹

因全球百货商店单店最高销售额而著称的伊势丹新宿总店于2015 年做了在世界范围内史无前例的、使用人工智能来接待顾客的全新尝试。

在伊势丹新宿总店男士馆的二层和六层，造型顾问（销售员）随身携带着平板电脑。"这是一种搭载了人工智能时尚软件的平板电脑，请从屏幕上显示的项目中选择你喜欢的项目并点击。"如果顾客在造型顾问的推销下点击几个商品项目，在不到一秒的时间里屏幕上就会出现人工智能帮助顾客挑选的商品。已经学习过顾客喜好的人工智能，会基于男士馆二层、六层约 800 种商品为顾客提出搭配方案。

顾客也可以在自己的智能手机中安装搭载人工智能的手机时尚软件"SENSY × ISETANMEN'S"。倘若用这个软件选择商品，人工智能就可以学习顾客的喜好数据。将来，之后从电子商务网站包含的商品中推荐符合顾客喜好的商品或者服装搭配。

更进一步，还可以在下述情况中使用：在自己家里或者其他地方事先接收人工智能推荐的商品信息或者搭配方案，如果有心仪的商品可以联系伊势丹并让其准备。

伊势丹新宿总店绅士—体育销售部企划负责人冈田洋一说："我们想使用人工智能所具有的新技术向顾客提供全新的购物体验。但是，现在仅仅定位在尝试阶段，我们对营业额的提升还没有设定预期目标。我们认为将这样的尝试持续下去也是很重要的。"

三越伊势丹所使用的人工智能是由COLORFUL BOARD 开 发 的 "SENSY"。作为人工智能科学家并拥有注册会计师资格的渡边祐树总经理这样描述学习顾客喜好数据的SENSY："从每一种商品的图片到颜色、形状、纹饰等图像数据，从商品说明文字中读取的分类（衬衫或者鞋）、尺寸、价格、功能等共计几十万种特征，分析审美取向（喜好）并将其数据化。如果让顾客从平板电脑中选择并点击喜欢的展示商品，每一种商品的相似数据将会被读取，这些数据将会成为'学习顾客喜好的人工智能'，接下来再从商品数据库中选择近似于'学习顾客喜好的人工智能'数据的商品并推荐。"（见图7）

　　与一般的推荐软件不同，SENSY 可以

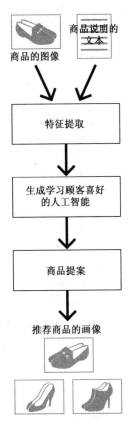

**图7　学习顾客喜好的人工智能**

109

实现让机器具有与人类相似的感受。例如，一般的推荐软件是将外套一律定义为正装或者休闲装再推荐。但是，SENSY 可以考虑到"对于 A 来说这外套过于休闲"或"对于 B 而言这是正适合休息日穿着的休闲装"或"对于 C 而言这外套则具有适合在办公室里穿着的正式感"，哪怕是同一个商品也要考虑顾客的感受以及喜好再推荐。

2014 年 11 月，COLORFUL BOARD 发布了作为时尚人工智能的应用软件 SENSY。录入了全世界超过 2 500 个品牌的商品信息，并从这些商品中推荐适合顾客的搭配方案。若顾客有心仪的商品，SENSY 还会引导顾客去就近门店。

实际上，2015 年夏天，渡边总经理与三越伊势丹的北川童也特命部长的会面促成三越伊势丹开始使用 SENSY。

北川在非政府组织、咨询公司工作过，并有电子商务投资的创业经历，于 2013 年进入三越伊势丹。此后，接连担任了三越伊势丹控股公司的网络事业部以及新商品开发负责人，自 2015 年起担任现在的职务。公司总经理向他描绘了对于数字化改革的构想，并为实行这一构想而启动了各种项目，促使他成为推进这些项目每个阶段的关键人物。

北川这样描述使用人工智能接待客户的实验意义："用人工智能可以完成仅凭借造型顾问的模拟量式客户接待所无法实现的工作。倘若把所有的东西都数据化，应用数字技术可以让超越模拟量的提案成为可能。但最让我们公司引以为豪的是，在通过人工智能推荐之后，顾客再与造型顾问交流可获得最优方案，我们认为这样才能帮顾客找到他们真正想要的。"

# 发掘前所未有的新零售商业模式
## ——专访三越伊势丹控股公司董事长大西洋

问：作为经营根本的数字化战略是怎样的？

"店里的造型顾问（销售员）将与人工智能协作，共同服务顾客。"

问：当顾客在平板电脑上展示的服装或者鞋子等商品中点击他喜欢的商品时，人工智能会为他推荐吻合其喜好的服装或搭配方案。为什么要导入这样的人工智能呢？

"我从几年前就开始了关于人工智能、机器人等数字化的尝试。人工智能技术不断进步，如今已成为店铺中提高生产力以及客户满意度的手段，人工智能的应用是不可或缺的。

虽说如此，造型顾问（销售员）所提供的试穿、试用服务同样是必不可少的。我们希望与顾客建立更近一步的联系。人工智能可以做的工作就交给人工智能，这将让服务更加人性化。在店铺里，销售员与人工智能的相互协作共同提高了生产力与客户满意度。"

**问：为什么要重视并强化销售类职场技能？**

"在零售业、百货业中，最终掌握公司未来的是与顾客具有交集的现场销售人员。如果这些人在最佳的环境中工作将会给顾客提供最好的服务。

我们认为，倘若可以展现顾客迄今为止并没有注意到的东西，或者即便他们想到了也没有亲眼见过的东西，应该会打动顾客。在店里能否发掘顾客的潜在需求决定了我们的存亡。为此，想到要改善销售员的工作环境，包括缩短营业时间、提高收入及使用人工智能等。"

# 数字化位于制高点

问：请您介绍一下于 2015 年 11 月提出的"将数字化作为企业战略的根本，以数字化视角修改所有的业务并提出改善措施，即将网络与现实融合，并与店铺、商品、服务、设施结合起来，创造新价值、新顾客、新事业"的宗旨。

"在所有业务中，信息通信技术都是不可或缺的。从组织来说，数字化部门是位于制高点的，我认为有总经理的组织也是可以存在的。若能如此，作为公司本部希望可以与全部组织横向关联，若能将市场功能纳入信息战略本部就最好不过了。

但是，在公司的经营战略会议上有很多人提出了反对意见。若有人提问'信息战略本部是何种职能组织？'这体现了我们公司在数字化方面的进展太弱了。如果说'我们应该做现在看不到的事情'，就有人会问'具体指什么？'来委婉地反对。

在由信息通信技术引发巨大变化的背景之下，公司应该主动思考信息战略本部应该怎样做。但在我们公司缺乏这样的思考能力，所以新成立信息战略本部才会遭到强烈反对。

我硬是让最反对并且最没有数字化知识的人担任信息战略本部的部长。如果一知半解就会倾向于以经验处理事情，但世界正以不可估量的速度发展。因此，我认为还是不要仅立足经验知识比较好。"

问：在信息战略本部中设置 IT 战略部，任命在 2016 年 3 月以前曾担任三越伊势丹系统方案总经理的小山彻为 IT 战略部部长，任命曾担任数字化战略特命担当部长的北川竜也为 IT 战略部主管，是如何考虑的？

"IT 战略部的任务是发掘尚未存在的新商业模式。小山与北川都有从事咨询工作的经验。具备信息通信技术知识可以指导怎样做会比较好。在未来，如何能够创造出新的商业模式是尤为重要的。我认为将具有商业实战经验的本部长与这两个人组合在一起是最合适不过的。"

问："2018 年度营业利润 500 亿日元"的目标是如何判定的？

"这个目标是三年前提出的，考虑到对维护、改造，以及新客户的投资，至少需 500 亿日元的营业利润。但是，仅仅靠（老业务利润的增长）积累是无法实现的。如果不在 IT 战略部创建新的商业模式是很难实现的。

对信息战略本部长下达的指示是：用半年的时间对已运作的数字化战略加以梳理，再用一年左右的时间启动业务，并在下一年度创收 50 亿日元。

方法有两种。其一是创造适应信息通信技术发展的新商业模式。其二是并购拥有这种新商业模式的公司。"

## "女装" 分类无法长期持续

问：信息通信技术所引发的新商业模式是怎样的？

"新商业模式是指创造一个系统并获得收入，这是通过应用信息通信技术后自动出现的，也包含广告费用等。

在百货商店有很多人会思考已有的业务，但这样做是无法成长的。如果决定要发展却不考虑方法，企业就没有办法成长。所以，对信息战略部抱有期待是不争的事实，也因此将其定位为经营平台。"

问：2016 年 4 月，与日本文化便利俱乐部股份有限公司（CCC）联手在三越伊势丹设立 T marketing 联盟，其目的是什么？

"首先，与 CCC 联手是因为其具备以数据为基础的企划能力并具有创新能力。由 CCC 控股的 T 积分卡掌握了大约 5 000 万客户的数据。而我们公司，约有 300 万年龄偏大且消费能力较强的客户群（MI Card）数据。[①] 以这些数据为基础可以分析客户的行为以及生活方式。我们想成为日本首屈一指的零售公司，并且也具备这种可能性。

我们会收集未曾收集过的数据。例如，对于便利店买高价瓶装饮料的人是否会经常光顾百货商场，他们会购买什么商品等信息都可以

---

① 数字为刊载时的信息。

了如指掌。当这些在便利店购买高价饮料的年轻顾客光临百货商场时，我们可以积极应对。

更进一步，我们根据数据将顾客群体按照生活方式而非年龄轴分类。迄今为止，百货的大分类是女装或流行商品，但这种分类方式不会长久。总之，我们正在思考把某个店铺打造成一个迎合新生活方式的百货商场。不过，由于在伊势丹新宿总店尝试风险过大，我们将选择在其他店铺进行。"

# 根据监控摄像预测收银台的排队情况
## ►►► TRIAL

2015 年，主要分布在九州地区的平价商店 TRIAL 公司在位于福冈县的田川市开始了使用人工智能的试验。通过用人工智能分析店铺内监控摄像的画面，预测店内收银台在 10 分钟或者 20 分钟以后的排队情况。这样可以尽量不让顾客等待，同时让负责收银台的店员数量最优化。

田川市的店铺，在工作日每天约有 4 000 名顾客光顾，高峰时约有 5 人在收银台排队等候，公司希望将排队人数控制在 3 人。像

TRIAL 这样的平价商店有很多顾客会一下购买很多商品，如果有 5 人排队，排在队后面的顾客就不得不等待很长时间。为了提高客户满意度，如何才能控制收银台排队人数成为了一个亟需解决的课题。

TRIAL 使用了人工智能中的机器学习功能，使人工智能学会了将身着公司制服的员工与顾客区别开来，并能自动分析出入顾客人数与收银台前等候顾客人数之间的相关性。根据进店人数与离店人数，以及此刻在收银台前的人数可以自动预测 10 分钟或者 20 分钟以后所需要开放的收银台数量，以及各收银台可能的排队人数。根据这一预测情况，可以判断是否需要让负责补货的员工到收银台工作。

公司先用了 3—6 个月的时间，将准确数据（实际使用的收银台台数、收银台等待人数）输入人工智能并让其学习。进一步的人工智能学习优化将由松下的子公司与 IT 供应商 PUX 共同努力，提高监控摄像对于多人重叠时的采集精度。

在将来，还可以让人工智能识别店内监控摄像采集的顾客年龄、性别信息，并应用于营销活动中。顾客在货架前将采取怎样的行动，人工智能将结合其在购买时的 ID-POS（销售点信息管理）数据做分析。

店铺根据 POS 收集的顾客在收银台的购买数据，可以知道谁在什么时候购买了怎样的商品，了解之前未能收集的顾客在购买前的举动，以及购买时是否在犹豫等信息。

仅依靠价格的竞争已经达到了极限，今后需要通过缓解收银台排队来提高客户满意度，或者智能营销来提高市场竞争力。这些都决定了我们必须要使用人工智能。

# 预测个人二手车交易价格
### ▶▶▶ IDOM

　　大型二手车交易公司 IDOM（旧称 Gulliver International）加快了在业务中应用人工智能的步伐。该公司与大约 5 家人工智能解决方案开发公司合作，共同致力于二手车买卖价格预测以及汽车图像识别等。

　　例如，该公司开发了使用人工智能的二手车价格预测系统，并将其应用于个人二手车交易手机软件 Kurumajiro 当中（见图 8）。

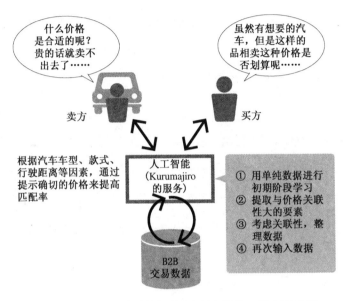

**图 8　期待用人工智能推测买卖两方价格，提高匹配率**

2015 年 9 月起，公司开始提供二手车交易价格信息以供该款软件深度学习，期待它可以提示符合卖方与买方双方预期的价格。

Kurumajiro 在对生产厂家、车型、等级、款式、行驶距离等信息高效学习的基础上，提出基于以上信息制定的预测价格。发布二手车出售信息的人可以参考这些定价促使交易成功。在人工智能的应用中，会根据过去的交易数据推断是哪些要素影响了交易价格，并在此基础上设定这些要素的权重。

对卖方而言，"可以避免卖亏，或者价格太贵又卖不出去的情况，从而被买家所接受"（新事业开发室荻田有佑）。对买方而言，提供了将商品检索结果与人工智能预测的市场价格做比较，并按从低到高的价格顺序排列的功能，进而能让买方判断想买的汽车价格设定是否合适。

价格预测系统通过应用程序编程接口提供，此技术也可以应用到其他公司的内外部服务中。

今后，IDOM 公司也考虑将人工智能应用于判断二手车的供需当中。在预测时不光要考虑汽车的交易数据，也要考虑日经指数等经济指标、钢铁价格等商品指标、区域特征以及海外特定地区需求等。

除信息源多样化之外，人工智能预测的精确化也成为了 IDOM 公司进军其他个人交易领域的技术支持。"不仅是二手车交易，还希望从消费者间的交易数据中获得一些隐藏信息"（新事业开发室北岛升室长）。

　　同时，IDOM 公司全面调整了人工智能、大数据，以及物联网的应用方式。2015 年 11 月，在经营企划部门内设立了数据应用的专业团队——3D ROOM。该团队成员约有 8 人，与新事业开发室等合作开发应用人工智能、大数据的服务。并与 IT 部、Web 组等密切合作，公司全体员工共同努力推动人工智能发展。

# 基于 6 万张图像为顾客挑选眼镜
▶▶▶睛姿眼镜

睛姿（JINS）眼镜公司开发了根据面部照片提出适合顾客的眼镜方案的人工智能"JINS BRAIN"。睛姿公司 3 000 名员工成为了 JINS BRAIN 深度学习的"老师"，将共计 6 万张戴眼镜的图像按四个阶段评价并让人工智能学习。

睛姿公司收集了 500 名员工的面部照片，分别制作了模拟试戴 120 种公司主力商品的图像，共计 6 万张。接下来，来自该公司店铺的 2 800 名员工以及公司本部的 200 名员工共计 3 000 人分别对 20

张图像按照四个阶段评价适合程度。这样就在每张图片上加了一个来自公司员工的评价。

顾客用电脑或者智能手机登录 JINS BRAIN 网站（见图9），上传面部照片，在确认并调整图片上识别出的双眼以及鼻子位置后会模拟试戴眼镜，再按照满分100分来评价是否适合。顾客可以逐一试戴画面中显示的眼镜，也可以看到来自同性与异性的评分。

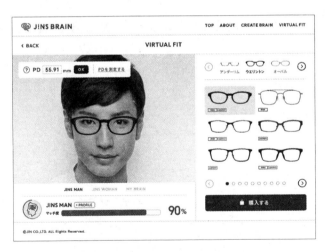

图9　提供合适眼镜方案的 JINS BRAIN 网站

## 机器学习店铺接待顾客的知识

负责企划与开发的数字通信室经理向殿文雄说道："在顾客问卷中，回答'不知道适合自己的眼镜'的人数达到了45%。我们很早就开始思考无法面对面接待顾客的电子商务网站是否能很好地服务顾客，如果让人工智能利用机器学习技术学习日本最好的待客知识是否可以提供更好的服务呢？"

电子商务网站一般是基于浏览商品或者购买商品相关性来向顾客做推荐，推荐的结果是否适合顾客是另外一回事。由于眼镜镜框有适合圆脸、长脸等脸型的，JINS的店铺正是基于这一专业知识为顾客提供服务。

JINS BRAIN 不是用单一标准提出方案的人工智能，它还结合了店铺员工判断时考虑的表情、肤色、发型、发色等非标准化信息的待客知识。

## 使用量达到以往的 10 倍

该服务反响热烈，使用量"达到了过去试戴服务的 10 倍"（向殿经理）。

今后，期待通过应用在不同于日本顾客喜好的海外店铺进一步吸引顾客。

# 运用机器学习精准预测顾客等待时间
## ▶▶▶ AKINDO SUSHIRO 回转寿司连锁店

AKINDO SUSHIRO（位于大阪府吹田市）是日本最大的回转寿司连锁企业，运用机器学习将顾客用餐等待时间的预测精度改善了 20%—30%。

该公司旗下的店铺"SUSHIRO 寿司"一旦到了周末，顾客需要等待两个小时才能用餐，且这种情况一直在持续，"这可能会导致客户满意度降低"（田中觉，信息系统部长）。

为了让顾客无需等待就可以进店用餐，从 2015 年 3 月起 SUSHIRO 开始提供通过智能手机软件预约来店的服务。但是在客人特别多的门店里，经常会出现软件提示时间与实际可以用餐时间存在巨大偏差的情况。这是因为预约的客人很多，取消预约的客人也很多。同时，客人滞留的时间也比门店预期的要长。

为此，SUSHIRO 开始用机器学习准确把握每个门店的"规律"。具体说来，就是要学习一桌客人从入座到下一桌客人可以进店之间需要多长时间，并用于预测。

以 30 分钟为单位，学习并预测每天、每个门店的等待时间。按照"400 家店铺 ×7 天 ×24 小时 ×2（每隔 30 分钟）"计算，共有 13.44 万种模式。要想学习并预测这么多数据，"机器学习是必不可少的"（田中部长）。预测"下一桌的客人入座需要多长时间"使用的实际数据是服务员将客人带到座位时实际输入终端的信息。

公司还打算通过增加取消率预测、客人用餐时间预测，进一步提高等位时间的预测精度。如果无需等待即可用餐，那么来店人数会增加，进而会增加公司收益。

日本大型连锁家庭餐厅 SKYLARK 的外卖服务也通过机器学习预测顾客的反应。

为了提高该公司旗下店铺 GUSTO 官方软件对用户的营销精度，开始机器学习并进行试验性应用。在为约 300 万软件使用者发送优惠券时，已经证实相比依赖过去的经验与直觉选择目标客户的方式，使用机器学习后再进行目标客户选择时，优惠券的使用率提高了大约 3 倍。

# 与风险投资公司共同开发码垛机器人程序

## ▶▶▶发那科

大型工业机器人企业发那科与人工智能风险投资公司 Preferred Networks（PEN）共同开发了码垛机器人程序。

所谓码垛机器人是指取出箱中凌乱放置的零件等对象物（产品）的机器人。这种机器人承担的工作是从机身搭载的照相机拍摄图像中识别出产品，再用手臂取出将其放置在传送带等合适的地点。PEN 在开发控制这种机器人的程序中使用了深度学习技术。码垛机器人在每次工作时保存下抓取到零件时的"成功"记录，及未抓取到零件时的

"失败"记录。将何种情况下可以成功抓取的数据作为训练数据，并对此进行深度学习。实际上，PEN 同时收集正在深度学习的几台机器人各自动作的训练数据，开发识别程序。这种分散深度学习方法正是 PEN 所擅长的。

2017 年 9 月底，发那科计划开始向工厂提供开放平台 FIELD（FANUC Intelligent Edge Link and Drive）系统（见图 10）。这是分析

图 10　在 2016 年 11 月举办的第 28 届日本国际机床展上，
发那科发布了 FIELD 系统理念

了从工厂的机器人、传感器、计算机数值控制装置中收集的数据，来对生产设备进行控制的软件产品群。在这一平台中，也搭载了分散型机器学习。通过使用这一技术，假设让三台机器人同时学习，学习时间只需要三分之一。

# 通过机器学习预测啤酒需求，预测误差缩小为 1% 以内

## ▶▶▶朝日啤酒

朝日啤酒在新商品需求预测中使用了机器学习。在 2014 年，该公司为了让流通库存合理化，使用商业智能\*工具预测了新商品需求，但并未取得令人满意的成果。从以往商品中筛选出在发售前后销售量具有相似变化趋势的商品，使用商业智能工具预测新产品的需求强度。但是，即便是类似的商品归根结底还是不同的商品，当销售时

---

\*　商业智能（Business Intelligence），指用现代数据仓库技术、线上分析处理技术、数据挖掘和数据展现技术进行数据分析以实现商业价值。——编者注

间等条件不同时，变化趋势会有差异，有时甚至不知道是什么原因导致了差异。最终，不得不依赖于人的经验与直觉。

为此，需要积极预测真实的需求。朝日啤酒于 2015 年导入了机器学习技术之一的 NEC "异种混合学习技术"*。以过去的销售数据为基础，对这一技术能否应用于需求预测进行了验证。就新品发售后的销售预测而言，基本上达到了可使用的精度水平。

朝日预测的是新品从发售日起到 28 天（四周）之后的需求。在验证当中，商品误差率不超过 10%，其中也有误差在 1% 以内的商品。有部分情况无法预测到突发性需求量减少。例如，由于竞争对手投入新商品而导致的朝日自己的新品需求量急速减少的情况。因此，除日历信息、上市信息、气象信息、供应链采购信息等，也需要输入竞争企业的新商品上市信息的数据，来提高需求预测的精度。

---

* 异种混合学习技术，是一种从多种多样的数据中自动高精准度地发现其中的规则，并根据规则作出最适当的预测的技术。——编者注

经营企划本部数据战略部松浦端部长说:"新技术的使用已经有了一定进展,最近我们决定为了让流通库存最优化,将预测从今年夏天到秋天的新商品需求。"项目负责人经营企划本部数字战略部的山本熏责任副部长这样解释使用异种混合学习技术的原因:"这一技术能兼顾预测精度与结果的可解释性,也就是说可以解释'为什么得到这个预测结果'的原因。另外,我们拥有很多零售业的案例,也拥有需求分析的技术。"

异种混合学习技术会根据条件来改变预测计算程序,让我们来看一个例子。如果预测对象日期是周日(周日是每周的第一天)的话,就会有专用的预测公式。若周日以外的情况,根据发售一周内的合计上市数量,预测公式的条件会随之变化。确定所有变量后,例如选择商品种类是啤酒或者非啤酒就可以确定预测公式。如果追溯选择预测公式的条件,就可以理解预测结果的可解释性(选择条件)。预测公式本身也是由人工智能创造出来的,这就是异种混合学习的特征。

# 人工智能客服，通过深度学习提高配送时间通知的精度
▶▶▶ ASKUL

ASKUL 公司在网购网站 LOHACO 接连推出了应用人工智能的市场强化策略。

2014 年 9 月，导入了以文本为基础通过聊天形式回答顾客咨询的人工智能型聊天机器人 Anami。在人工服务接待时间（上午 9 点至下午 6 点）以外也可以应对顾客咨询。两年后的 2016 年 11 月，Anami 已可以应对约四成顾客咨询。

同月，ASKUL 也开始与社交软件 LINE 合作，消费者用 LINE 也可以向 Anami 进行咨询。Anami 在 LINE 上的回答中使用了 PKSHA 技术公司的通用型自然语言对话引擎 BEDORE。该引擎除处理问题内容的自然语言处理功能之外，还搭载了深度学习技术。从大量问题和以往的回答中筛选出认为合适的组合，并学习经过人工客服验证和确认的最准确的回答。

ASKUL 公司从 2016 年 8 月末开始提供的 Happy On Time 服务中也使用了人工智能。Happy On Time 是顾客指定配送时间的一项服务。顾客可以小时为单位指定配送时间，并在配送日前一晚开始通知配送时间，精度可达 30 分钟以内，在配送到达前 10 分钟会在 App 中推送配送即将到达的通知——提供这种细分时间的指定、通知服务。在正式提供服务之前，在东京都江东区实施了以两小时为单位指定配送时间的试验性服务。试验结果显示，配送时无人在家的比例从两成以上缩减到了 6%。

为了实现像这样细分时间的指定、通知服务，就需要实时管理配送计划及配送车辆。该公司引进了日立制作所的人工智能技术，目前正在机器学习物流相关的大数据，同时根据此大数据判断影响配送到达时间精度的要素，继续为减少配送时间误差与增大配送能力而努力。

# 分析仓库作业数据，提高仓储效率
## ▶▶▶日立物流

日立物流与日立制作所联手通过人工智能分析大数据来提高仓库的劳动生产率。在验证试验中，某仓库的生产率可以提高5%—10%。

物流仓库会接到大量的出入库订单，如果员工按照订单可能会集中在同一个地点工作。这样一来，当前面的员工从货架上往下搬东西时，后面的员工不得不等待，效率很低。因此，通过人工智能更改工作顺序可以推算出缓解拥堵的方法。

输入到人工智能运算程序中的数据包括工作日、工作开始时间、工作完成时间、员工编码、商品编码、商品数、商品货架编码、发货方编码。在尝试寻求这些数据与当天生产率的相关性后发现，时间段与员工工作地点的关联度最大。

　　担任日立制作所基础研究中心产品主管的嶺竜治解释说："员工的工作地点如果重合，生产率将会降低，可以理解成工作现场发生了拥堵。实际上，在员工赶赴现场时拥堵已经发生了。"人工智能运算程序推算出了缓解拥堵的方法。为了不让员工在同一时间段前往同一地点，而将工作指示按随机顺序重新排列。

　　人工智能模拟计算 5 号与 10 号工作互换的时候，总工作时间将会如何变化，如若工作时间可以缩短的话就会采取互换的做法。而如果将 7 号工作与 8 号工作互换而总工作时间没有变化的话，就会维持原状。如此重复计算就可以推算出最合理的工作顺序。这样一来，每天的工作时间可以缩短 5%—10%。除此最优工作顺序之外，无论怎样改变工作顺序都无法进一步缩短时间了。

嶺竜治主管说："应该怎样安排业务顺序才最好？仅凭一天的工作数据是不够的。因此，要使用过去几个月的工作数据，看看在哪个时间段员工比较集中，再用人工智能运算程序推算当天的工作顺序。"

日立制作所将这种人工智能运算程序归类为"运行判断型"。这是一种以交易数据、商品移动数据等与业务相关的大数据为基础推算提高生产力方法的人工智能。

# 入职前分析应聘者"有一番作为的可能性"
## ▶▶▶ BizReach

求职网站 BizReach（位于东京都涩谷区）产品总监竹内真说："在决定录用之前便可预测应聘者入职后，是否会有一番作为。"

该公司于 2016 年 6 月开始导入人工智能，特别是为竞争已处于白热化的人才管理领域开发了能进行录用管理的云端服务 HRMOS，并于 2017 年 1 月增加了考勤、绩效管理等功能，在同年春季提供员工评价管理功能。

BizReach 公司将在其主要业务上搭载人工智能功能，其最大的特点是在应聘者入职前推测其入职后有一番作为的可能性。例如，人工智能会按照应聘者发挥才能的优劣顺序用 S、A、B、C、D 五个等级作出判断。最被期待发挥才能的等级是 S 级，其次是 A 级。企业可以将其作为录用员工的评判标准之一。

人工智能可以预测员工在供职期间将会有怎样的业绩，针对销售人员，其会估算该员工供职时间与销售业绩之间的相关性。

倘若不是像销售类员工那样有定量可考的工作业绩的应聘者，应该怎样预测其有一番作为的可能性呢？这时会分析企业累积的现有员工的人力资源相关数据与应聘者的职务经历或者简历内容，再通过自行研发的人工智能技术对两者参数匹配从而推测可能性。

作为现有员工数据而被使用的，除录用时的职务经历及简历之外，还包括入职后的职务经历、获奖情况、绩效考核等，不仅会分析销售业绩这样的定量数据，也会分析人力资源的自然语言考核结果。

人工智能可通过识别积极表现与消极表现的评价，或者分析某种评价语言的出现频率、使用方法的倾向性塑造出一个有一番作为的人物模型。

人工智能不光对雇用方有利，竹内也强调了它对于应聘者的好处是"可以预防入职后与工作的不匹配"。即便同样是销售职位、技术职位等岗位，各个企业所要求的员工能力也是不一样的。因为"即使在 A 企业的销售职位可能有一番作为，在 B 企业可能会一事无成。这样的情况也是存在的。"（竹内总监）

HRMOS 计算出来的员工有一番作为的可能性"终究只不过是用于参考的材料之一"，竹内叮嘱道，"人对人的评价是因人而异的，评判标准也容易变得模棱两可。希望企业可以将其结果作为招录员工的借鉴用起来，这样也有利于他们制定符合一贯性原则的用人指标。"

人力资源业务方面的人工智能开发是很盛行的，人才录用更是应用广泛、期待有所作为的领域之一。现在我们正在推进开发基于各招聘企业所提供应聘材料的高效评判系统，让其搭载机器学习技术，发现人类的负责人力资源管理的人类员工未曾发现的规律（见图11）。

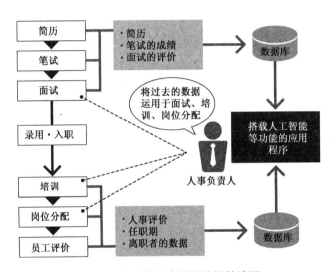

**图 11　人才管理中数据应用的流程**

# 给最适合的学生发出面试邀约
## ▶▶▶住友电装、i-plug

2016 年，住友电工的子公司，从事汽车用零部件制造与销售的住友电装，开始使用人工智能服务来录用应届毕业生。住友使用了一个名为 Offer Box 网站的服务，可以直接向应届毕业生发送面试邀约。

Offer Box 由风险投资企业 i-plug 投资，学生除了年龄、性别、学校名称、持有的资格证书、留学经历等信息之外，还可以提供想进入的理想企业、想从事的工作等愿望，有纪念意义的照片，研究课题汇报展示PPT 等自荐信息。企业的面试负责人通过输入想要面试的学生的条件，可以调取匹配到的学生的详细信息，并向该学生发出面试邀约。

　　i-plug 在这个邀约过程中采用了一种人工智能的机器学习功能（见图 12）。大型企业在应届生招聘季时，为了在短时间内处理大量涌入的简历，需要动用很多的劳动力。Offer Box 得以让企业通过检索来寻找学生，可以缩减这方面的劳动力，但是阅读每个人的自荐文字还是很花时间的。

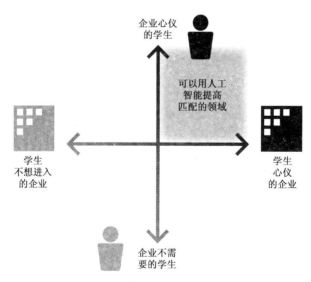

图 12　致力于匹配学生心仪的企业和企业心仪的学生

具体说来，就是通过机器学习企业与学生的属性以及他们的行动数据。所谓行动数据是指企业通常给具有怎样属性的学生发出邀约，以及什么样的学生会接受邀约，诸如此类信息。由于学生心仪的企业是在不断改变的，必须实时地持续地学习。

导入机器学习的计算程序会向企业的录用负责人提示最有可能接收邀约的 1 000 名学生。负责人会在这 1 000 人中增加条件缩小范围，便可以选择发送邀约的学生对象了。学生的属性约有 20 个项目。从其中的自由记述部分"过去的轶闻趣事"里的文章也可以判断学生的兴趣、性格。

企业可以给 100 名学生发送邀约。但是，若面试的结果是无法录用，则可以再给另外一批学生发邀约。对于学生的限制是只可从收到邀约的企业中最多选择 15 家参加面试。

由于企业可以从对本公司心仪的学生中选择面试对象，因而能够缩短花费在录用上的时间。

i-plug 的中野智哉总经理对其效果做了如下描述："通过导入机器学习，改善了近三成的邀约发送率，换言之，从看过 8 个人的简历后给一个人发邀约变成了看过 6 个人的简历后给一个人发邀约。"

# 通过分析员工出勤数据预测四个月后的离职率
▶▶▶ SUSQUE

分析人力资源相关大数据的 SUSQUE（位于东京都涩谷区）开发了仅凭员工考勤情况来推算离职概率的人工智能服务。自 2016 年 10 月起，云端人力资源、劳务分析服务开始在 SUSQUE 上作为新功能提供使用。人工智能学习了对象企业过去的离职人员以及当前员工的就职情况，生成了匹配每一个客户企业的模式。由于可以显示每个员工 4—5 个月后的离职率，因而可以在人力资源部门规避重要人才离职等情况下使用。

SUSQUE 运用多个自主研发的运算程序为每个企业分别创建几千个模型，在用实际数据做出的成效模型中从上往下取 10 个，判定其预测值的平均值（见图 13）。"通过使用几千个参数判断人类难以发觉的员工离职先兆。"（SUSQUE 的冈村庆尚董事长）一旦将考勤信息的 CSV 格式文件上传至云端服务，便会提供每周的员工离职概率排名。4—5 个月后的离职概率是基于 1—2 个月内使用的带薪假等数据得出的。

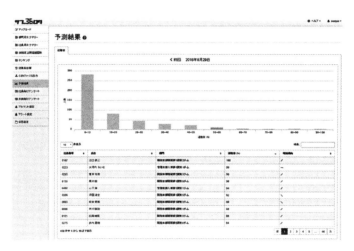

图 13　云端人力资源、劳务分析服务 SABUROKU 界面

数据科学家以往一般会除考勤信息外，再综合考虑员工岗位、考核结果来人工分析离职率，而人工智能的预测精度可能没有前者那么高，但是，后者毕竟是仅凭考勤信息就可以轻松实现的。倘若数据科学家也仅凭借考勤信息人工分析，人工智能的预测精度平均还较数据科学家提高了一成。

# 通过分析电子邮件筛选出有可能泄露信息的员工

►►► FRONTEO

从 2015 年 9 月开始，FRONTEO（旧称 UBIC）积累了超过 1 300 例以国际诉讼对策与违法行为调查为目的的大数据分析成果。FRONTEO 与从事信息泄露对策服务的大型企业 Digital Arts 共同为使用大数据的企业提供信息泄露解决方案。

FRONTEO 拥有的电子邮件自动监控系统 Lit i View EMAIL AUDITOR 与 Digital Arts 所拥有的电子邮件安全软件 m-FILTER 共同为客户企业的信息安全提供保障服务。

FRONTEO 将 2012 年开发的人工智能导入了 2014 年开发的 Lit i View EMAIL AUDITOR，用于分析员工邮件，发现将来有可能泄露信息的员工，再使用 Digital Arts 的 m-FILTER，可以限制该员工收发邮件、添加邮件附件、在网页上传文件等操作。

具体原理如下：首先，推测"有泄露信息等违法行为的员工，很可能是因为其在公司的人际关系、薪资待遇，以及债务、家庭情况等个人原因造成了泄露信息的倾向。"由本公司审查负责人仔细检查可疑邮件，来分辨是否包含对公司的不满，或者来自他人的信息等可能关乎信息泄露的内容。

接下来，人工智能会比较这些邮件中出现的语句，机器学习审查负责人分辨可疑邮件时候的判别标准。在此基础上按照调查对象邮件的语句中所出现的单词、词性水平，从 0 分到 10 000 分打分，分配权重。计算出每一个邮件的总分。

例如，含有"能否照例发送产品信息"这一句话算 500 分，"每天我的同事们都不怎么工作，真让人生气"这一句话算 5 500 分。分数越高就越接近被审查负责人判断为"可能含有信息泄露倾向"的邮件内容。

用这样的方法筛选出与信息泄露相关性高的邮件，预测信息泄露的发生风险。可以向审查负责人发送该邮箱地址以及风险等级。审查负责人可以直接警告该员工，或者选择继续监控，抑或可以使用 Digital Arts 的 m-FILTER 限制可疑员工收发邮件、添加邮件附件等操作。

如果是拥有 1 000 名员工的普通企业，假设在那里工作的员工每天往来的邮件达到约 100 封，则整个企业每天就要处理 10 万封邮件。如果依靠审查负责人人工检查，即便是几个人一起检查也无法在短时间内全部完成。况且，一封封邮件全部由人工审查一遍也是不现实的，基本没有企业会这样操作。

但是，如果使用人工智能筛选出与信息泄露相关性高的邮件，负责人只要审查被筛选出的邮件就可以了。人工智能可以将有违法嫌疑的邮件范围从大约 10 万封缩小至大约 200 封。通过使用人工智能，检查对象数量削减至 2‰以下，有效的人工检查也成为可能。进而，还可以通过让人工智能学习审查员每天的判断，以提高自动打分的精度。

# IBM 沃森自动回答员工关于本公司人力资源、法务的咨询
► ► ► 软银

软银正在使用 IBM 的问答系统沃森改革人力资源业务，让沃森回答每月大约 8 000 件来自员工的咨询。使用沃森改革的第一步是使沃森能够回答员工关于电脑故障、结算方法、通勤路线变更、会计相关操作方法等常见问题的咨询。

为了提高员工满意度，软银于 2013 年成立了员工支持中心。据统计，每月会有 8 000 件来自员工的咨询。假设回答一个咨询问题平均需要 5 分钟，那么每月共计花费 4 万分钟（约 666 个小时）来回答

这么多问题。

今后，让沃森充分学习 FAQ，使其可以瞬间回答员工的提问。"客户的公司上市了，我想给他们送花，怎么做比较好？"沃森也可以回答这类员工提问。

沃森也对法务咨询提供支持。据统计，在软银每年大约要起草8 100 份合同。如果可以把过去的先例、法规教给沃森，让它检查员工起草的合同并提出修改方案，则可以削减 50% 的合同起草工作量。

还可以将沃森运用在如何最好地发挥员工能力方面。这是一种基于人事考核、工作经历、取得的资格证、过去的培训内容等数据，让沃森给每一个员工的发展方向提出建议的机制。

另外，也可以探讨沃森在招聘中的应用。让沃森回答处于应届毕业生的提问。具体方式是将沃森安装在人形机器人"胡椒"上，放置在全国的大学里。

筛选简历的工作也计划使用沃森，软银正在考虑基于过去的优秀员工的简历数据，从应聘者的数据当中挑选出匹配的人才。可以发掘那些国内外没有投递简历的潜在人才信息，让沃森学习后筛选出将在软银有一番作为的高水平人才的标准。

# 切换计算程序精准预测，使太阳能、蓄电池、发电机的运行最优化
▶▶▶大林组

建筑公司大林组使用异种混合的人工智能学习技术来精准预测建筑大楼里电力的消耗量（见图 14）。在位于东京都清濑市的大林组技术研究所正式启动了电力需求预测系统。该系统用机器学习技术分析过往的电力需求、气象、天气预报等数据，预测一周内以 30 分钟为间隔的电力需求。每间隔 30 分钟根据条件选择预测公式（运算程序）并进行计算。

在大林组的技术研究所里有太阳能发电机、蓄电池、内燃机发电

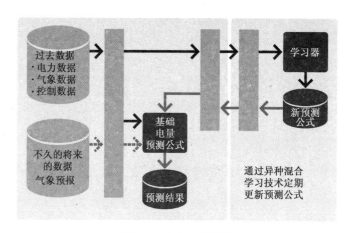

图14　基础电量预测

机等。预测系统的目标是以精准的电量预测为基础，不光要削减约三成的提前计划购买的合同电量，还要降低整体的运行成本。为此，电力需求系统要制定太阳能发电机、蓄电池、发电机的运行计划。

　　若尽可能使用太阳能发电机，便可缩减运行成本。由于周末办公楼的电力使用量会下降，如果天晴则无需购电，只用太阳能发电就可以满足需求。如果能放掉几天前的蓄电池电量确保有足够的蓄电容量，可以用太阳能发电的剩余电量给蓄电池充电，也可以削减平日里购买的电量。

电力需求系统根据 10—20 个预测公式自动计算并预测电力的需求量，并进行自动修正，系统并非随意选取公式，因其可通过学习了解这些公式中的因果关系。

# 替代员工的机械性工作
## ►►► Works Applications Co.

在企业中，每天重复输入相同的数据，或者在网站上查询同样信息的情况屡见不鲜。

如果由人工智能替代这种简单的工作，那么人们集中精力做更富有创造性并能创造利润的工作也就成为可能。实现这一构想的做法大体分为两种。

其一是由人工智能来协助完成平时业务中所使用的人力资源、行政后勤等基础数据信息的录入。另一种是由人工智能完全替代。

这一构想已经开始逐步实现，并非是遥不可及的。

2015 年 12 月，开发、销售用于会计、人力资源等公司业务处理 ERP（综合基础业务系统）并提供售后支持的大型企业 Works Applications，导入了搭载人工智能功能的 HUE。

## 预测输入内容与数值并提出方案

HUE 可根据员工的业务内容，预测可能需要输入的数值、文字并提出方案。HUE 根据员工日程表、邮件等内容来预测，替代员工输入申请材料中应该输入的信息。Works Applications 的松本耕喜把使用 HUE 的目的描述为："维持 ERP 现有的功能不变，提高员工的生产率。"

例如，员工 A 乘坐新干线从东京前往大阪，使用公司经费与客户在公司聚餐，并在当地住宿一晚。HUE 一边参考行程安排、信用卡的结算情况等，一边对员工 A 的行动做背景分析。若识别到出差，会自动新建用于出差报销的书面材料，并输入基础信息。

出差返回后基础信息已经由人工智能输入，A 只要检查确认就大功告成。"人们录入系统的工作量会变为原来的十分之一，从出差回来到报销所需要的时间会变为原来的三分之一。"（松本耕喜）

在 HUE 中起决定作用的是数据的数量与质量。因此，HUE 正在集中学习全球用户输入数据中可供学习的部分。正如谷歌基于全球用户的输入数据提高搜索精度一样，"HUE 的提供彻底改革了国内外前沿技术开发团队，对云端基础也重新做了修改。今后，希望可以进一步强化人工智能的人力资源支持功能。"（广原亚树，HUE 开发负责人、合伙人）

现阶段，HUE 也在适应包括人力资源、工资、劳务、会计、财务管理、资产管理、房地产管理、供应链管理、销售、采购、成本管理等方面的应用。2017 年，有部分建筑公司、航运公司、大学、物流公司、广播电视台等正式开始投入使用 HUE。

## 机器人完成工作，未来或与人工智能合作

还有一种情况，是把工作本身交给电脑上的机器人。自 2016 年初起，机器人流程自动化（RPA）* 逐渐为人们所知。虽说在计算机自动化处理方面，RPA 作为 Excel 的宏功能是很有名的，但这次 RPA 替代的是操作计算机的员工本身。各个行业的"机器人"正被投入使用，如在金融机构的业务处理系统输入数据，或者从调查公司、研究机构所指定的地点收集大量数据。例如，电商会使用 RPA 从合作公司的网站上收集和分析与销售业绩相关的庞大数据。

可以说 RPA "同事"已经开始在公司里工作了。亲自导入 RPA 的大角畅之总经理说："在 100 家公司里，有 4 000 个机器人在工作。到 2025 年，全球有 1 亿脑力劳动者会被机器人所替代。有研究报告说，在今后的 10—20 年里有 49% 的职业会被 RPA 所替代。"

---

\* RPA 就是以机器人作为虚拟劳动力，依据预先设定的程序与现有用户系统进行交互并完成预期的任务。——编者注

现在，虽说在日本 RPA 多使用于业务处理自动化，而"在美国 RPA 已经开始了在人工智能领域的应用"（大角总经理）。人工智能能够根据 RPA 提供的数据进行模仿并改善流程。

RPA 可能也具备加快企业内导入各种人工智能应用速度的作用。对于人工智能而言，最初预先设定系统需要很大的工作量，需要使用 RPA 的机器人收集和输入这些与学习相关的数据。

人力资源、员工职业发展路径也会发生改变。为 RPA 的导入提供帮助的 ABeam 咨询公司首席执行官安部庆喜指出，"机器人时代可以给人工智能安排固定模式的工作。新人在前辈带领之下培训 2 至 3 年的情况将不复存在。员工的成长期将会发生改变。"

正如这里所提到的，倘若在企业里正式使用人工智能或者 RPA 处理机器人，后台管理部门自不必说，管理层的职责、普通员工的人才培养也会发生改变。这些不仅关乎工作效率的改善，同时也是企业提升竞争力的好机会。还将改变企业的命运，有可能会成为企业存活到 21 世纪 20 年代的必要条件。

# 人工智能针对讨论题目提出赞成或反对观点
**▶▶▶日立制作所**

2016 年 6 月 2 日，日立制作所宣布开发了一种对讨论题目提出意见的人工智能基础技术。搭载这一技术的"Debate 人工智能系统"在得到讨论题目时会陈述赞成或者反对的理由，并会提出依据或者反例。例如，当被给予"是否应该禁止设立赌场"这样的讨论题目时，如果是赞成应该禁止设立赌场的立场，其列举的理由是"会引发赌瘾问题"；如果是反对禁止设立赌场的立场，其列举的理由是"可以带动地区经济"，并且还会从新闻中提取出可以作为论据的事例。

Debate 人工智能系统的运行过程是由以下三个步骤构成的：①解释被给予的讨论题目；②从大量的文本数据中提取出可以作为赞成或者反对论据的事例；③用容易被接受的方式调整语序、措辞并提出观点（见图 15）。

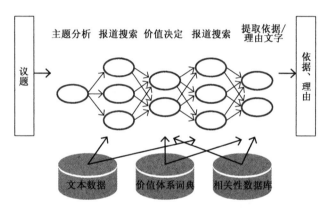

**图 15　从议题分析到提出依据、理由的过程**

在这个系统中，除了大量的文本数据还导入了自行研发的"价值体系词典"与"相关性数据库"。价值体系词典是内置于电脑中的关于人类在陈述依据或者意见时的价值观。这是一种基于已录入的、对于多个讨论题目的赞成意见与反对意见数据库，将与价值相关的词汇体系化的系统。例如，在"健康"这种价值中，"运动"是积极的，而"病"或"肥胖"是消极的，像这样体系化地整理单词的关联性。

相关性数据库管理的是现象与价值观之间的相关性。这是一种从新闻报道中提取出刊载的现象带来了怎样的价值观，并表现这一现象对于价值观具有积极影响还是消极影响的相关性的数据库。例如，从"噪音有害健康"这一报道提取出这种"噪音"现象是抑制"健康"价值的消极影响。根据约 970 万份新闻报道制作了约 2.5 亿个相关性数据库。

2015 年 7 月，日立制作所宣布开发了一种分析大量英语报道，并用英语提出意见的基础技术。在这种技术中，对英语所特有的语法进行编程，并以此为基础提取出涉及论据或者理由的文字。为此，当向包含日语在内的其他语种扩展的时候，需要制作对应各种语言的专用程序。

在本次发布的技术当中，通过运用深度学习解决了这一课题。可以不依靠语言，识别与讨论题目相关性高的依据段落和理由段落。具体来说，就是从成百上千的报道中提取出已识别为论据或者理由的段落，再通过深度学习，从报道中推导出规律或者模式，进而自发识别论据和理由的段落。

# 人工智能将成为企业的必备技能
## ——专访三菱商事商务服务部CEO、常务执行董事占部利充

三菱商事提倡全面使用辅助经营管理的人工智能，并成立了负责推进工作的专业组织。我们向担任数字化战略负责人的占部常务执行董事咨询了人工智能的应用方针。

## 提倡使用辅助经营管理的人工智能

人工智能第三次成为热门话题。以前可能仅仅是 IT 领域或者 IT

部门的话题，而现在人工智能关系到全公司，并与各行各业都有联系。人工智能的推进情况在各个领域是不尽相同的，在汽车制造、零售等行业发展较快，同时也已扩展到了其他行业，如化工、资源采集和利用等行业。

2016 年 5 月，公司推出了新的经营战略，作为支撑公司发展的驱动力，垣内威彦总经理宣布"要采用先进技术（人工智能、物联网）推动事业发展"。因为要使用人工智能以及物联网作为经营管理的重要工具，那么自然会涉及公司领导层是否支持的问题。

**问：如何推动人工智能的应用？**

"为了要推动人工智能的应用，我们在 2015 年成立了一个组织来举办数字化应用推进会议，在此基础之上，又成立了五个针对不同主题的分支委员会，以商业活动一线的中坚力量为核心吸纳了约 120 位成员，现在达到了约 160 位成员的规模。

五个主题分别为物联网、汽车 / 机械及成套设备 / 基础设施、零售业的数字化营销、精密科技、智慧企业。人工智能与所有主题相关，其中智慧企业改变着企业的运作方式，使用人工智能较多。

最初，会议共享涉及从 IT 到人工智能、物联网领域的各种案例和技术，分享免费网站如何盈利等方法。每月大家都会聚集在一起讨论，经过半年时间提出了约 60 个想法。每两个月向包含总经理在内的公司领导层汇报，对于成员有怎样的进展了如指掌。当然，把全部想法都真正落实到商业实践中就要另当别论了，但从 2017 年春天开始可能会出现如何实践的方案。"

问：为了推动人工智能的应用需要有专业的知识与技术吗？

"在举办数字化应用推进会议的过程中，我们渐渐明白人工智能与物联网是多数案例的共同点。因此考虑需要专业的支援体系，在数字化商务开发部设立了人工智能应用推进室及物联网推进室，包括兼职在内分别有 7 名与 4 名成员。咨询公司 SIGMAXYZ、IT 投资公司塔塔信息技术公司也是成员企业。"

问：如何推动人工智能应用？

"必须将人工智能应用的长期作用与短期效果分开考虑。若在当前，人工智能应该作为提高当前工作效率及正确性的功能或者工具使用。输入各种数据，计算并作分析，同时还要考虑到公司的经营现状。

谈论在推动这种机制的过程中，组织形态是否会改变的问题还为时尚早。

另一方面，必须要考虑在较长一段时间后'被人工智能夺走工作'的问题，这并非是一种消极的态度。因为在原有工作消失的同时也会有新的工作出现。

可以认为人工智能作为员工助手发挥的作用在逐渐扩大。想必将来也可以辅助法务、审计等专业性较高的工作。虽说现阶段我们的研究还没有到那一步，但应该毫不犹豫地朝这个方向努力。"

问：怎样看待人工智能承担企业经营决策？

"现在的人工智能应该还没有达到能进行经营决策的水平。在设定好预期目标的前提下，辅助决策应该已经是极限了。倘若设定好目标，为了达成此目标人工智能会全天候处理大量的数据。

不过，在达沃斯论坛上，对'人工智能是否会加入董事会'进行问卷调查时，有45%的人回答'等到2025年会发生这种变化'。实际上，是否可以由人工智能替代董事会做决策呢？例如，人工智能积累经验或者参照以往案例做判断。在律师、注册会计师领域的一部分工作也会得到人工智能的支援。

但是，像'公司是出于什么目的经营发展的？''怎样能为公司提供帮助？'这种对企业价值观的选择，只有人类才能进行决策。"

问：贸易公司虽有广泛的商业活动，但人工智能是否有可能掌控各公司状况，并提出贸易合作呢？

"虽说人工智能的最终形态可能是积累足够的经验与信息，但目前无法立即实现。现阶段仅用于整理、分析供人类判断的信息。"

问：现在，公司正在使用怎样的人工智能？

"IT 相关的公司内的技术支持服务正在尝试使用沃森，在导入时做了大约半年的试验，与参考数据库的人工回答相比，成本降低了自不必说，还期待可以提高正确率。能将回答正确率从原有的 67% 提高到 89%。

想要得到如此高的正确率必须很好地整理输入数据。虽说为此试验花费的时间不到半年，但也是确实用了好几个月。我们认为 89% 的回答正确率仍有提升的空间。

集团公司也是需要 IT 支持的，这种做法将向可以横向展开的、同样需要应对相同问题的人力资源、客户服务进行推广。"

问：人力资源方面，人员招聘、岗位配置、员工考核也有使用人工智能的倾向吗？

"虽说在人力资源管理战略中使用人工智能仍然存在争议，但我们正在进行尝试。比如，让约 100 名员工携带传感器以获得其行动数据，努力分析并改善组织氛围。人员招聘方面，也开始探讨使用人工智能提高招聘效率。"

问：在导入、应用人工智能时需要注意什么？

"我认为必须要注意人工智能的'技术暗箱'，即算法的不透明化。在贸易公司传统的商业活动中，很多时候人们只要接触业务现场以及原始信息就可以了解情况。但是，现阶段要清楚地解释出人工智能的某些决策和推荐是如何作出的，还不大可能。过分担心人工智能的不确定性会是无止无尽，我们需要做的应该是一边想对策一边解决问题，同时也需要认真对待使用人工智能的信息安全问题。

另外，也希望各商业部门可以熟练掌握使用人工智能的知识及技能。如果不这样做是无法真正应用人工智能的，熟练掌握人工智能就应像熟练掌握英语那样，对于商业活动来说是必不可少的。"

## 占部利充

1978 年进入三菱商事，被分配到人力资源部工作。1989 年前往美国三菱商事公司。2000 年被派往 IT Frontier Corporation（现日本塔塔信息技术公司），并担任该公司执行董事。2002 年任事业投资负责人的企业负责干事助理，2006 年任人力资源部长。2009 年就任执行董事，2013 年起任现职。

# 主业终将消失：需要看清企业环境变化的机制
## ——专访富士胶片控股公司会长、CEO 古森重隆

任何企业都有主业，但现在不能再说这是永恒不灭的了。

作为日本工业代表的汽车行业也不例外。今后，倘若 EV 车（电动汽车）真正普及，与现在的汽车相比将会发生翻天覆地的变化，可能会一改当前日本企业群体占据稳定市场份额的格局。

富士胶片在 21 世纪的第一个 10 年经历了主业的丧失。使用银盐感光材料的相片胶卷自诞生之日起已有将近 200 年的历史，却仅用 5

年的时间便在市场上销声匿迹。"与其被其他公司压制，倒不如我们主动出击。"我们背水一战，率先开发可以匹敌当时胶卷相机画质的数码相机。

在最初的几年，新业务进展很顺利，富士胶片作为数码相机的顶级制造商占据了 30% 以上的市场份额，很好地弥补了胶卷销售额的减少部分。但是，随着其他相机、电器厂家不断涌入数码相机市场，竞争日益激烈，导致数码相机价格急剧下降。并且，在一段时期内，超过 1 亿台的数码相机市场份额被智能手机侵蚀，规模减少至三分之一以下。现在，我们的主战场已开始转移至高端市场。

无论哪个企业都必须认真考虑 10 年、20 年以后社会将发生怎样的变化，在这种变化中"我们要做哪些力所能及的事情才可以生存下去"。

眼前，企业必须将物联网、人工智能当作外部环境变化来思考。在物联网时代，自己公司的关键技术是什么？富士胶片的情况是拥有化学与材料技术、软件、机电一体化、电子学等复合技术。

凭借这些综合能力可以做些什么？当然仅考虑现在拥有的技术是不充分的，还需要预测将来环境变化的技术"机制"。我们做的再生医学正是如此，所谓"机制"就是要看准并投资未来会扩大的市场。

在美国，普遍的观点是：当一种技术不再发挥作用时企业寿命也就走到尽头了，由其他拥有新技术的企业替代它就可以了。但我却不这样认为。在企业中有从事研究开发、生产、销售业务的优秀员工。这些人才与其他经营资源相辅相成才能生产商品，各个公司都拥有这种优秀的价值。一种产品不再流行，让整个企业走到尽头是十分可惜的。"企业是持续经营"，若发挥人、组织、技术、企业文化等优质资产，可以发现新的价值。企业有作为持续创造价值的功能。

优秀的经营战略判断需要技术鉴别能力。即便是对技术没有很深造诣的行政出身的企业决策者也没问题。决策重要的并非仅是对技术本身的理解。世上存在怎样的问题，使用这一技术又展示了怎样的解决方法？关键是能否洞察这个道理。

有人预测，将来人工智能也可以做经营决策。在围棋领域，人类敌不过可以进行瞬时复杂计算的人工智能。但是，经营决策就不同了。因为经营决策中存在无法数字化的要素。

这些要素是什么呢？"无论如何也要做这件事"的热情、欲望、使命感、美感、浪漫感、直觉等。从数据方面看，A 决策看起来比较好，但自己仍想选择 B 决策。即便有不利条件，B 更符合公司的经营理念，会让员工更有干劲。所以员工会更加努力工作，并取得成果。很多情况下虽然选 B 相对缺乏合理性，但是结果却往往是最好的选择。当用长远眼光作经营决策时也会出现这样的情况。

第三部分

# 人工智能的进步

# 由人工智能以及机器人引发的价值观转变

**池上俊介** | Datasection 首席技术官 |

"为使 2020 年东京奥林匹克运动会成功举办，人工智能和机器人在日本的应用有扩大的趋势。人们指出，在少子化、高龄化与适龄生育人口逐渐减少的背景下，技术的进步将带来的影响是，人工智能可能会侵入劳动者的生活。

预测到 2019 年，日本共有 7 427 万适龄生育人口。由于 2040 年需要的就业人口中约有 11% 的缺口，通过人工智能、机器人、物联网技术的变革以节省人力已经迫在眉睫。目前，日本已经开始无人驾驶巴士、使用物联网的远程健康咨询系统、与机器人一起接待顾客的验证试验，预计医疗护理机器人的需求量也将增加。人们甚至还构想出了可以做创意指导的人工智能。

　　如果就连会计、飞行员这些职业都受到波及而被人工智能、机器人所替代，我们就必须灵活转变有关职业、生活方式的价值观。如果人们跟不上人工智能等信息技术应用的速度，赶不上变化，则可能会引发数字鸿沟\*（技术差距）问题扩大。这种社会变化可能会带来与工业革命相同的冲击。

（人工智能记者）"

　　虽说是未来，其实也就是在2020年，高速发展的人工智能将会与生活及工作产生怎样的联系呢？另外，人们会比现在更幸福吗？

　　本文开篇以此为题目所写的报道是以"人工智能记者"署名，使用计算机的文章自动撰写功能所写的。文章结构、脉络的调整，以及

---

\*　数字鸿沟，是指在全球数字化进程中，不同国家、地区、行业、企业、社区之间，由于信息、网络技术的拥有程度、应用程度以及创新能力的差别而造成的信息落差及贫富进一步两极分化的趋势。——编者注

最后的校稿则是由人工完成的，可以说现阶段还无法称其为完全自主撰文的人工智能记者，但我们认为在不远的将来，人工智能可以写更多的报道。本文将按顺序介绍人工智能报道撰写功能的发展过程，并展望 2020 年以及未来人工智能领域的文章自动撰写功能的发展前景。

## 人工智能与机器学习

人工智能中作为机器学习技术之一的深度学习技术发展进入了新的阶段。人工智能从大量的图像中自动学习猫的抽象特征，这样，其对于姿态各异的猫的图像的识别能力可以与人类媲美。除此之外，谷歌的 AlphaGo 击败职业棋手等也是这一领域不得不提的话题。

笔者所在的 Datasection 公司也使用了谷歌提供的机器学习平台 TensorFlow，学习图像、视频、股价、文章、对话等大量数据，并积极运用于视频、图像添加标签，图像分类，发现趋势拐点，训练聊天机器人等方面。

当然，人工智能并非像人们普遍认为的那样无所不能。人工智能通过一边读取可用数据一边在任务内进行有限的设计，训练了可供现场使用的智能程序。本次的"人工智能记者"也是这种机器学习的应用领域之一。

## 人工智能记者的真实状况

2016 年 11 月 1 日，日本中部经济新闻社在报纸上刊载了纪念创刊 70 周年的报道《这篇报道为人工智能记者所写》(http://www.chukei-ai.com)。这篇由创刊逸闻、70 年历史回顾、致谢等内容组成的文章是在学习了过去《中部经济报》报道的基础上由计算机自动撰写的。

虽说是自动撰写，但并非是完全替代记者撰写报道，这个过程包括根据人工构建的文章结构对自动写成的文章进行调整，一边人工确认一边由人工智能撰写报道。当然，在报道中需要记者的主张及观点。其实，就算人工智能也可以自动写出像样的报道，但由于整体上还没有达到写出内容充实的高质量报道的水平，故而采用了这种穿插人工的方式。开篇报道的制作方式如下：

（1）基于过去报道的机器学习与文章的自动撰写。

通常，该主题报道是由记者采访专家之后执笔的，而本报道是基于对过去的日经 BP 社报道中与"人工智能"和"2020 年"相关的约 14 000 个报道，从网络上收集的博客、推特等约 30 万个报道合并文本的机器学习，再由计算机自动撰写的。

通过利用机器学习获得词汇与词汇关系的联想度以及出现概率的不同，当指定多个背景关键词与文章开篇中的一个单词时，计算机可以自动续写不同类型的文章。例如，下面是在原始数据原文中所不存在的，按照概率将单词组合而写成的文章（段落），当作短文读起来确实有几分韵味。通过用关键词限定背景，鲜有与主题完全不同的文章输出。

·背景关键词：高龄化、劳动就业人口、人工智能、机器人；

·文章开篇单词：人工智能；

·生成的文章（段落）：

应该会实现人工智能应有的姿态吧。人工智能是可以替代人类的。

通过人工智能、机器人、物联网技术改革所引发的人力节省来阻止。

通过人工智能、机器人、物联网技术改革所引发的人力节省可以充分弥补缺口。

人工智能、机器人是重要的。

（2）根据人工构建的文章结构进行调整。

若输入一个背景关键词，就会生成由机器学习撰写多种类型的文章。由于训练数据是日经 BP 社的报道，有可能会显示包含记者没有发现却有意义的信息，从几次增加修改关键词后缩小范围的候选文章中选择。重复此步骤撰写报道，当全部写完后，人工润色前后的文脉以及结尾的表达来提高报道的完整性。并且，希望在不远的将来，通过让机器学习本次人工完成文脉梳理以及报道完整性等部分，以进一步实现自动报道撰写。


## 记者应该如何面对人工智能

写报道是一项艰苦的脑力劳动。需要确定题目，收集甄别信息，凭借容易理解的文风与合适的篇幅写出让读者产生共鸣的内容。倘若借助人工智能这样的工作可以实现自动化，那么可以期待记者发稿率与品质的提高。尤其可以在诸如足球比赛进球、公司财务报表这类报道模式固定且追求速度的情况下发挥作用。

也许到 2020 年以后，在智能手机里会配置用户专属的人工智能记者。人工智能记者自动读取网络上的信息后会根据用户的感兴趣程度与理解程度撰写报道。

顺便提一下，下面是人工智能记者的原稿。由于长句会漏出破绽，所以使用的都是短句，但基本达到了可理解的程度（之后将几句话连缀成篇的处理也本该自动化，但现阶段仍是人工操作）。

## 人工智能记者的原稿

已经开始为举办 2020 年东京奥林匹克运动会而努力。人工智能与机器人的应用有扩大的趋势。少子高龄化与适龄生育人口开始逐渐减少。人工智能是否正在侵入劳动者的生活。同时介绍了科技变化带来的影响。

适龄生育人口共计 7 427 万人。需要的就业人口约有 11% 的缺口。通过改革人工智能、机器人、物联网技术可以充分确保节省人力。这就意味着人工智能的支持是不可或缺的。无人驾驶巴士的验证试验、使用物联网的远程健康咨询系统等验证试验已经开始。还开展了与机器人一起接待顾客的验证试验。预计医疗护理机器人的需求量将会增加。可以做创意指导的人工智能。

这就意味着被人工智能、机器人所替代的可能性高。就连会计、飞行员这些职业都可能受到波及。也可以应对生活方式的变化。必须应对 IT 环境的变化。赶不上人工智能等 IT 应用的变化速度。赶不上 IT 环境变化的人将受到冷落。也可能引发数字鸿沟（技术差距）问题。可能会带来与工业革命相同的冲击。

# IBM 沃森完成癌症治疗分析工作
▶▶▶东京大学医学研究院

东京大学医学研究院与 IBM 合作，致力于采用沃森认知计算技术研究癌症。沃森是一种在理解由自然语言构成的复杂提问的基础上，分析大量数据并提示有据可循答案的系统。并且具备当人们指出比提示答案更加合适的答案时可以学习并提高回答精度的功能。

东京大学医学研究院旨在提供适合不同癌症患者的个性化医疗方案。探寻适合每个不同的癌症患者治疗方法的手段之一是基因组分析。具体来说，是对癌症细胞的 DNA 与患者的正常 DNA 进行全基因组测序分析（即对基因组中的全部基因进行测序，鉴别排列的异常及变异），研究两者的差别。但是，由于全基因组信息大约相当于 60 亿个字节的数据，自然是无法靠人工解析的。为此，东京大学医学研究院于 2015 年 7 月引进了为基因组分析开发的沃森基因解决方案，这是 WfG 首次在北美以外的医疗研究机构引进。

WfG 学习规模庞大的信息数据，如超过 2 000 万份论文的概要部分、超过 1 500 万份的药品专利信息、从世界各研究机构收集的超过 100 万个癌症变异的相关研究等。在鉴定癌症细胞与正常细胞的 DNA 差别的基础之上，对这些信息加以分析，并提示出概率处于前十位的基因变异候选原因。

在东京大学医学研究院，引进 WfG 之前也是用人工进行相同分析的，曾经判明了大肠息肉的原因。在那时，需要一边看电脑画面上显示的序列数据，一边寻找异常的地方。人工判明原因需要一年的时间，由于 WfG 的引进而大幅缩短了，现在仅需不到 30 分钟即可完成。医生最终会参考这一分析结果用于诊断并进行治疗。

WfG 已经在临床为患者治疗作出了贡献。又如，通过分析作为急性骨髓性白血病患者却不适合采用标准抗癌药剂治疗的 60 岁女性的基因信息，WfG 判断这是一种称为继发性白血病的特殊类型，医生依据此判断为患者更换了治疗药物，几个月后患者康复出院。

# 味觉人工智能为顾客推荐红酒
## ►►►大丸松坂屋、三越伊势丹

2016 年秋天，大丸东京店、伊势丹新宿店在指定时间推出了为顾客推荐酒的人工智能侍酒师。顾客仅需在平板电脑或者智能手机上回答关于喜好的问题，就会出来"您对'甜味'和'苦味'最敏感"的判断。并在此基础之上向顾客推荐符合其喜好的红酒或者日本酒。

可以说人工智能侍酒师取得了超乎想象的业绩。在大丸东京店指定时间的促销活动中，顾客可以试饮约 200 种红酒，之后可在自己的智能手机上"叫来"线上"侍酒师"，评价甜味、酸味、苦味、涩味、余味五个项目（见图16）。当顾客评价了几瓶红酒积累了一定数据之后，"侍酒师"通过与其他顾客做比较等方式来把握这个顾客的味觉倾向，并根据这一信息从百货商场大约 1 000 种红酒中选择推荐的红酒并显示。而在伊势丹新宿店，人工智能侍酒师从 30 种红酒、80 种日本酒中做推荐（见图17）。由于日本酒中没有苦味、涩味因素，取而代之会被问到鲜味、醇度。

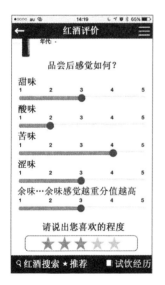

图16　顾客回答喜好的界面

图17　为每个顾客生成的推荐界面

进而，伊势丹还尝试向顾客提示搭配酒的食物，同时让顾客在食品卖场选购。

这是一款因开发时尚解决方案的人工智能应用软件——SENSY 而为人所知的 COLORFUL BOARD 公司与三菱食品公司合作开发的应用软件。三菱食品希望不仅限于零售商，也能与原料生产商以及加工制造厂商合作，充分发挥通过人工智能应用软件获得顾客味觉信息的功能。虽说顾客喜好很难被量化，却可以通过与人工智能的趣味互动影响销售收入。

# 用人工智能判断在线学习用户的理解程度与复习必要性，因人而异选择培训教材
## ►►► sight-visit

　　运营资格考试在线学习服务"Shikaku Square"的 sight-visit 公司（位于东京都品川区）使用人工智能为用户提供适合的学习教材。根据准备参加司法考试与公证代理人考试的学习用户的个人情况以及所有用户的问题解答倾向，在适当时机出题。该服务于 2016 年 3 月开始上线。

　　其原理是通过机器学习计算出听课人对于每个问题的"理解程度分数"，应该再次学习的"复习分数"，以及表示其理解程度的"可信

度分数"，并在适当时机出题。

"Shikaku Square"司法考试与公证代理人考试的学习用户听完讲师的在线课程以后，会集中精力回答在线课程的题目。人工智能引擎会以确认课程理解程度为中心把握单个用户的解答特点及全部用户的解答特点。"不仅要提高重要问题的正确解答率，还安装了以听讲人通过考试为目的的系统。"（中村安幸，sight-visit 执行董事）

具体来讲，就是按照"一定正确、可能正确、可能错误、一定错误"四种程度回答在线课程的题目。除了回答错的问题，答案正确却没有自信的问题也会被视为未理解问题而增加"复习分数"。进而，对于多数学习用户回答正确，而该用户却答错的问题，以及出题频率高的问题，增加分数权重。人工智能会在下次测验中优先再次出这类题。

另外，即便回答正确，在学习用户快要忘记的时候，人工智能也会再次出这类题。次数越少，距离上次学习时间越久的题目，其再次学习的必要性也会被设定得越高。记忆技巧是基于脑科学研究者、东京大学池谷裕二的建议设计的。

由于这种判断学习用户理解程度的人工智能计算程序具有通用性，"我们也在考虑视具体情况对外销售。"（中村安幸）

"Shikaku Square"的学习用户超过了两万人（包括免费和自费的用户）。从 2017 年度的司法考试开始，将检验人工智能的使用效果。今后，人工智能引擎会筛选考试通过者的学习行为要素，并在在线培训课程设计中体现。

# 人工智能分选手机中的照片、视频编辑合成短片
## ►►►美国 Magisto

Magisto 是一款用人工智能对智能手机中的动画、图像进行自动编辑的应用软件,可以像专业人士一样按照情节要求编辑加工。由于无需专业设备,任何人都可以自动加工想要分享的内容,该应用软件吸引了超过 8 000 万的用户。

在选择视频或者图像的基础之上,仅需分别选择舞会、故事、旅行、食物、宠物等主题,以及欢快、乡村等背景音乐。数据经由云端传送至 Magisto 的服务器,仅需几分钟就可以做成和精心编辑过的音

乐短片一样的视频。

Magisto 服务的核心是自主研发的人工智能 Emotionscenter。该人工智能可以洞察用户所拥有的视频、图像内容及其相互联系，根据其风格调换视频或图像的顺序或者添加特效。

例如，假设要做一个由朋友孩子生日当天的照片与视频整合而成的短片，拍摄于较早时间的生日蛋糕画面却将被安排在最高潮，同时，在众人围着蛋糕鼓掌的画面中用手、彩虹、礼花等华丽的特效渲染。虽然短片没有达到专业水准，但没有相当功底的一般手机用户若没有这种专业软件的辅助，也做不出如此效果的短片。

Magisto 通过增添人类感性的要素而提高了人工智能的完整性。

具体来讲，工程师拜托专业的电视录像制作人制作"以生日为主题的、可以打动人心的视频"。询问并分析制作完成的视频效果为何可以打动人心等要素，再将这一逻辑引用并反映给人工智能识别。

Magisto 不会识别生日蛋糕、拍手等物体或者行为。归根结底，人工智能在判断视频或者图像中哪些是"正常的"，哪些是"异常的"，以及哪两者间的关系最密切，之后对素材进行再次编辑，组合成最佳情节。这样一来，人工智能可应对的素材范围将扩大。该款应用的商业模式是免费增值模式 *，如果用户想要制作更高品质的商业用途类短片，或更长时间的短片时会收取费用。

---

* 免费增值模式，是一种通过向用户提供免费内容或补贴价格来实现向用户销售另一种利润更高的产品或向第三方（如广告商）销售用户数据的商业模式。——编者注

# 人工智能参与创意广告制作
## ►►► McCann-Erickson

在广告公司 McCann-Erickson（位于东京都港区），人工智能创意总监 AI-CD β（见图 18）已经开始投入应用了。这是由 80 后员工为推广亿滋（日本）旗下的口香糖品牌 Clorets 宣传活动而制作开发的。AI-CD β 在分析 10 年来获得全日本放送联盟广告节奖项的约 1 000 个各式电视广告作品结构的基础上，配置了具备独有标签的数据库。这样一来，输入想制作广告的商品及其公司名称、卖点、推广目的、目标人群等要素，就会为广告制作提供必要的创意指导。具体包括原生态、采用歌曲形式、都市氛围、纯净印象、释放感这样的创意内容。

图 18　人工智能创意总监 AI-CD β

　　为了验证其能力，针对口香糖 Clorets MINT TAB 的特征且卖点为"快速见效，让口气持续清新 10 分钟"的广告为题，人气创意总监仓本美津留人类与 AI-CD β（人工智能）之间展开了对决。在线投票结果是，仓本美津仅以 54%vs.46% 票数的微弱优势赢得胜利。

人工智能可以大胆组合被人类设计师排除掉的要素并提出设计方案，在广告制作这种创意现场，与拥有创意才能的人工智能同事一起工作的时代也即将到来。

# 人类要做的是建立内在联系
## ——专访 Rhizomatiks 董事长真锅大度

筹办过日本人气女团 Perfume 演唱会等演出活动的 Rhizomatiks 公司的董事长真锅大度是日本媒体艺术领域备受瞩目的人物。同时，他也致力于人工智能的应用。就人工智能应用可能性，我们听取了他的看法。

问：Rhizomatiks 正在做哪些工作？

"我们正在积极为使用媒体技术的艺术领域、使用新数字技术的广告与娱乐业、企业研究开发领域的前期开发提供支持。

艺术领域略有不同，定位在美术表现方面倾注精力研发新技术。期待通过将在媒体艺术行业中培育出的技术应用于广告、娱乐等行业以实现新的广告表现，或者为消费者提供新的体验。"

问：同时也致力于在 DJ 中应用人工智能，怎样看待人工智能应用的可能性？

"我们感到以前在艺术领域所做的尝试已经开始在商业领域实践。

例如，三越伊势丹控股在伊势丹新宿总店试验了由 COLORFUL BOARD 开发的时尚人工智能应用软件 SENSY 接待顾客。店员在人工智能的帮助下，提出更加符合来店顾客喜好的商品和搭配方案。该公司也参与了 SENSY 的用户界面设计。

这些努力并不能确凿地说人工智能应用已经成功。我们将可能尚不完善的服务推到市面上，做了具有广泛受众面的试验。即便开发了新的系统，若无法取得人们实际使用的反馈数据也就无法评价。我认为这种试验的增加是一种非常有趣的现象。"

## 人工智能选曲，全员走向舞池

问：根据数据评价是很重要的，但应该用怎样的数据判断自己亲自参与开发的人工智能 DJ 是否成功了呢？

"首先，人工智能 DJ 使用了我过去的播放列表数据以及到场客人的播放列表数据。人工智能可以使用这些数据自动选曲。这次 DJ 活动的共同主办方收集了世界各地舞池的播放列表，在播放 A 曲子之后极有可能播放 B 曲子的全球数据，将人工智能应用于 DJ 当中。

如何评价其实是很简单的，因为应用人工智能 DJ 的目的在于让到店的全部客人都能走下舞池。通过结合 iPhone 加速传感器与 3D 扫描仪，可以把握到场客人总数以及所在位置。由于载入了酒吧顾客的播放列表数据，只要选择他们喜欢的曲子就可以让他们集中在舞池。但还是人类做 DJ 的时候气氛更嗨，也更能聚集客人。即便如此，我们还是持续做了几次尝试并采集了数据。如果缺乏学习结果可能会贻笑大方。"

问：虽说在现阶段得出了人类更适合当 DJ 的结论，但今后想要在人工智能与人类之间建立怎样的关系呢？

"我认为人类与人工智能将变为合作的关系。例如，就 DJ 而言，机器一瞬间就可以找到适合的鼓点、乐谱、基线，进而缩小至吧台顾客播放列表的候选曲目范围，这些都是人工智能所擅长的领域。但是，只有人类才可以观察在场客人及现场气氛选择一首合适的曲子播放。我认为像这种需要建立内在联系以及理念的工作还是要交给人类。

如果是照片，构图的正确与否以及色彩平衡的好坏可以数值化，但是机器并不擅长判断这张照片是否能够打动人心。比如为大约 20 人拍摄了 200 张左右的人物照，若让不同的人分别挑选照片，他们的选择大致是相似的。但这对于机器却是非常难的一件事。选择符合内在联系、理念的拍摄对象以及挑选照片正体现了人类的价值。

另一方面，就手艺工人的工作而言，技艺可能会失去价值。照片究竟是由机器拍摄的，还是由人类拍摄的将变得不再重要。另外，乐器演奏也偶尔会出现不需要人类的复杂演奏表现，这正是机器所擅长的领域。相比这些匠人类型的工作而言，人类将负担起创造理念的工作。

但是，我本人对于人工智能论文的关注度将逐渐降低。"

## 从论文到实践的速度竞争

问：为什么关注度会逐渐降低？

"因为人工智能已经进入了应用阶段。人工智能进入广告创作工作比我们想象来得更早。例如，已经获得了很多诸如对企业拥有数据作分析并将其图表化的客户需求。

迄今为止，把一种新技术应用在工作中大多需要花费五年的时间。在此之前的新技术应用速度就像一直用于制作媒体艺术作品的媒体艺术最终应用在娱乐业等领域。而人工智能与机器学习所花的时间明显缩短。

当人工智能的新论文发表时，越早解释论文内容并越早将其实践的人越能在竞争中取胜。进而，对于已经实践应用的东西，接下来将引发的是围绕在何种程度上可以被应用的竞争。论文、解释、应用三者的速度变得非常快。

虽然我们也在以论文为基础创作作品，但周围的速度实在是太快了。人工智能在今后将会成为关乎全体人类的大课题，这会很有趣，但根据我的判断想要跟上潮流是相当难的。我开始思考要为了这里的战斗是否应该走下赛场采取其他行动。

最近，在金融科技领域正在着力推进对多个无人机的自动控制。我们正在思考打造一种当使用无人机拍摄舞者时，通过判断舞者的姿态、灯光照射角度、阴影效果等，用最佳构图进行拍摄的机制。"

## 真锅大度

Rhizomatiks 董事长，于 2006 年创立 Rhizomatiks，一家专门提供现场艺术特效设计方案的科技公司。自 2015 年起，与石桥素共同领导从事研发项目的 Rhizomatiks Research。2016 年里约奥运会闭幕式中"东京 8 分钟"的光影特效设计师。使用编程与交互设计，与艺术家一起经营各个领域的项目。

# 人工智能所不擅长的事，只有人类才能做得到
### ▶▶▶ "东 Robo 君"

新井纪子 ┃ 日本国立情报学研究所社会共有知识研究中心中心长、情报社会相关研究系教授

2011 年以日本国立情报学研究所为中心启动了名为"人工智能能否考入东大"的项目。简单来讲，就是一个让使用人工智能的"东Robo 君"挑战东京大学入学考试的项目。"东 Robo 君"本身是解答试题的软件名称（见图 19）。项目的目标是在 2016 年日本大学入学

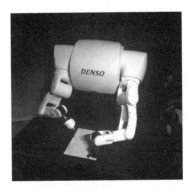

图 19 为"东 Robo 君"代笔解答的机器人"东 Robo 手君"

考试中取得高分，并以此为目标开展研究活动。


## 达到"MARCH"和"关关同立"水平，向产业界进军


"东 Robo 君"一直在参加中心考试以及面向东大考生的模拟考试。在 2016 年 6 月，参加了"大学入学模拟考试之综合学习能力达标模拟考试"（倍乐生教育集团）和针对复试的论述式模拟考试"第一次东大入学模拟考"（代代木补习学校）。在中心考试的模拟考试中总分获得了 525 分（全国平均分 454.8 分），偏差值为 57.11，继 2015 年之后再次超过 57 分。这个成绩相当于有 80% 的可能性考取 512 所私立大学的 1 343 个学院和 23 所公立大学的 30 个学院，其中，也包含了很多合称为"MARCH"和"关关同立"的日本一流私立大学的学院与专业（见图 20）。

"东Robo君"得分与全国平均值

◆2016年度大学入学模拟考试 综合学习能力达标模拟考试·6月

| 科目（满分） | 得分 | 全国平均 | 偏差值 |
|---|---|---|---|
| 语文（200） | 96 | 96.8 | 49.7 |
| 数学ⅠA（100） | 70 | 54.4 | 57.8 |
| 数学ⅡA（100） | 59 | 46.5 | 55.5 |
| 英语【笔试】（200） | 95 | 92.9 | 50.5 |
| 英语【听力】（50） | 14 | 26.3 | 36.2 |
| 物理（100） | 62 | 45.8 | 59.0 |
| 日本史B（100） | 52 | 47.3 | 52.9 |
| 世界史B（100） | 77 | 44.8 | 66.3 |
| 5科总分（950） | 525 | 437.8 | 57.1 |

◆2016年度 第一次东大入学模拟考

| 科目（满分） | 得分 | 学生平均 | 偏差值 |
|---|---|---|---|
| 世界史（60） | 16 | 14.5 | 51.8 |
| 数学[文科]（80） | 46 | 19.9 | 68.1 |
| 数学[理科]（120） | 80 | 30.8 | 76.2 |

▨▨▨：偏差值为60以上及50以下。

图20 2016年倍乐生教育中心模拟考试结果

另一方面，在论述式模拟考试当中，数学（理科）得到了偏差为76.2 的极高分数。在此科目中，将日语写的题目转化为可计算的形式，使用数式处理程序在完全不需要人类介入的情况下独立完成解答问题的所有步骤，完成了六道题目中的四道。

在这个项目当中使用了自然语言处理、图像识别、知识推理、机器翻译、文章检索等多种人工智能技术。计划今后把这个项目中开发的技术应用在产业界。在项目成立初期，提出的目标之一却是攻克东京大学的入学考试。

但为了实现这个目标，必须全方位开发研究项目中使用的人工智能技术。虽说攻克东京大学入学考试这件事本身可能也是有重要意义的，但根据结果判断集中精力进行产业界可应用的技术开发对社会的贡献会更大。

## 用人工智能判断"什么是能做到的，什么是做不到的"

现在，"人工智能会抢走白领工作"的威胁论已经成为了全球范围的热点话题。虽然商业人士在工作中并非会用到考大学的技能，但两者在从事智力活动的层面具有相似性。本次项目仅做了几年的开发研究就超过了学生的平均水平。可能多数不需要过多思考就可以执行的工作都会被人工智能所替代吧。我们认为在 21 世纪 20 年代中期，现在白领工作的半数极有可能被机器所替代。

虽然被统称为"人工智能"，但其中却包含了各种各样的技术。进入 20 世纪 90 年代以后，人工智能研究被细分为自然语言处理、图像识别、声音识别等个别领域，人工智能的整体形象变得难以把握。"哪些事是使用属于人工智能范畴的技术可以做到的？又有哪些事是做不到的？"连专家都无法明确回答这样的问题。

本项目是对这些细化领域的个别成果的融合，同时也是对最新计算机智能活动的挑战。这样做的最大目的是更好地理解并明确运用人工智能技术"能做到什么，不能做到什么"。

大学入学考试所需要的是综合知识运用能力。阅读并理解题目，综合运用知识、常识、理论得出正确答案。这些并不限于特定领域，而是广泛应用于语文、社会、理科等方面。人工智能如果能挑战具有这些特征的大学入学考试，其结果将成为思考"人工智能在哪些领域有可能替代人类"的评判标准。

现在，在人工智能领域，以大量统计数据为基础推导特征、趋势的"机器学习"方法已经成为主流，而理论研究方法却不太受重视。但本项目中，根据不同科目以及可获得的数据量分别使用了不同的方法。因而尝试了现阶段能想到的所有人工智能方法。

例如，在英语语法问题及语序调整问题中，通过让"东 Robo 君"学习由 5 000 亿个单词组成的 150 亿个语句成功具有了自然语序选择的能力。听力也采用了相同的方法。另一方面，通过收集数学问题中使用的几千个词汇，可以构建起精准的语法体系，并尝试了问题的同义翻译。将机器翻译与数式处理相结合解答自然语言写成的数学问题是 1960 年人工智能刚刚问世时的初衷。通过这次尝试首次以有意义的形式呈现在大家面前，并向人们展示出了需要多少成本，可以称得上是意义非凡的。

但是，诸如日语及古文的阅读问题、英语的长文阅读这些以往问题的数据极其有限，且单纯凭借理论无法正确解答的这类问题应该怎样处理仍然是未解之谜。

## 理解自然语言的"含义"的推理成为课题

"东 Robo 君"项目让我们知道无论是怎样的人工智能技术都很难"理解含义（词汇及文章）"，即阅读能力不足。"东 Robo 君"记住了过去 20 年的考试题目、所有可以获得的课本及词典，甚至包括维基百科。即便如此，例如对于"在酷暑下行走，想喝点冷饮"这种人类的常识都无法理解。

在中心考试的英语模拟考试中，有一道题是回答"这么热的天你还步行？""是的，我口渴，所以……"对话后面的句子。英语语序调整问题的正确答案是"所以点了冷饮"（So I asked for something cold to drink），而"东 Robo 君"回答的却是"太冷了我点了喝的"（So cold I asked for something to drink）。

"东 Robo 君"为什么会给出后面的答案呢？这里有人工智能技术所面临课题的本质。可以想象当人类遇到比普通环境更"热"的情况时，应该会采取行动解决问题。但是，因为人工智能不理解文章的含义，也自然无法推测"在酷暑下行走"的人类此后将采取怎样的行动。

无法理解"含义"的原因可能是因为人工智能完完全全是由数学构成的吧。数学又分为逻辑、概率、统计。考虑使用三者中近似于人类思考的价值与含义的那一个。正如哲学家大卫·休谟所指出的那样，仅凭逻辑无法推断"相比割掉手指而言，我宁愿地球灭亡"这一决策是错误的。

单纯依靠概率与统计只能定义"相比 10 个人而言 100 个人说好的东西价值更高"或"大家信赖的人说的就是正确的"这种刻板的价值观。网上流传的饭店及商品评价也是用统计计算的。但是，真正的味道及服务并非这么简单。

## 分析中学生阅读能力，期待"超越人工智能"

即便从世界范围来看日本的少子高龄化程度也是相当高的，在不远的将来劳动力将严重缺乏。如果把那些不需要理解含义的工作交给人工智能则应该可以解决劳动力短缺的问题。人类如果能够集中精力做人工智能所无法胜任的工作，可以显著提高劳动生产率。面向这样的时代，人类应该磨炼自然语言的理解能力（机器所不擅长的）。

但是，在本次项目中发现了新的令人不安的因素。作为项目的其中一个环节，开发了科学判断孩子们能够正确理解多少课本简单文章的测试阅读技巧测试（RST），并以初中生与高中生为对象实际进行了测试。结果是，接受 RST 的 6 所公立中学的共计 340 名学生中约五成没有读懂课本的内容，约两成学生连基础的、浅层的阅读也不会，和人工智能一样阅读理解能力也存在问题。实际分析模拟考试的结果可知，分数低的学生与人工智能具有相同的得分倾向。

因此，为了解决这个问题启动了新的"东 Robo 君"项目。这个项目有两大目的。其一，是为了进一步推进针对"东 Robo 君""擅长事情"与"不擅长事情"的研究开发，并将其提升至工业应用水平。其二，是为了提高中学生的阅读能力。期待通过 RST 测试多角度判断中学生的阅读能力，所有中学生都可以具备区别于人工智能的阅读能力。自 2016 年起也开展了针对成年人的 RST 测试。

在不远的将来，人工智能会在很多企业里工作。但是，一味提人工智能威胁论是毫无意义的。无论技术怎样发展，人工智能也是无法理解自然语言中蕴涵的含义的，这一点就是人类区别于人工智能的优势所在。如果能磨炼好这种能力，再配合以具备高劳动生产率的人工智能属下的话，可以开展比现在具有更高附加值的商业活动。

# 后 记

　　筹划《我的同事是 AI》这本书有两个契机。其一，我们迎来了一个人工智能"同事"成为职场人士所不可或缺的时代。其二，强调"人工智能抢走了人们的饭碗"这种人工智能威胁论，并抱有恐惧感的人在逐渐增加。但是，在很多媒体内容中，若用"计算机"替换"人工智能"意思也是说得通的。正如迄今为止的 IT 应用一样我们是主体，根据注入的信息不同价值也会发生改变。

　　因此，本书以"人工智能"为关键词，在充分的现场采访以及人工智能专家供稿的基础之上，考察了人工智能现状以及今后的工作方式。除采访的先进案例之外，再次汇编了刊登在 2015 年 6 月至 2017 年 1 月的《日经 Big Data》《日经 Computer》《日经 Business》报道。

本书不仅希望引发人们对人工智能"同事"的关注，还希望可以探讨与人工智能协作的新方法，及创造商业价值的契机。

衷心感谢为本书出版供稿及接受采访的各位专家，以及亲自参与设计的 tobufune、ESTEM。

## 声　明

本次刊登的部分内容是重新组合了 2015 年 6 月—2017 年 1 月《日经大数据》《日经 Computer》《日经 Business》上刊登的报道。

文章中涉及的数字、职务等基本为报道刊登时的数据。

**图书在版编目(CIP)数据**

我的同事是 AI/日经企业家领袖,日经大数据编;
达菲译.—上海:格致出版社:上海人民出版社,
2018.9
ISBN 978-7-5432-2912-9

Ⅰ.①我…　Ⅱ.①日…②日…③达…　Ⅲ.①人工智
能-应用-经济管理　Ⅳ.①F2-39

中国版本图书馆 CIP 数据核字(2018)第 171942 号

**责任编辑**　程　倩
**装帧设计**　路　静

**我的同事是 AI**

日经企业家领袖　日经大数据 编
达　菲 译

出　　版　格致出版社
　　　　　上海人民出版社
　　　　　(200001　上海福建中路 193 号)
发　　行　上海人民出版社发行中心
印　　刷　上海商务联西印刷有限公司
开　　本　890×1240　1/32
印　　张　8
字　　数　126,000
版　　次　2018 年 9 月第 1 版
印　　次　2018 年 9 月第 1 次印刷
ISBN 978-7-5432-2912-9/C·207
定　　价　45.00 元